Gebrauchsanweisung für Wein

Carsten Henn

Gebrauchsanweisung für Wein

PIPER

Mehr über unsere Autorinnen, Autoren und Bücher:
www.piper.de

Wenn Ihnen dieses Buch gefallen hat, schreiben Sie uns unter Nennung des Titels »Gebrauchsanweisung für Wein« an *empfehlungen@piper.de*, und wir empfehlen Ihnen gerne vergleichbare Bücher.

Von Carsten Henn liegen im Piper Verlag außerdem vor:

Birne sucht Helene
Das Apfelblütenfest
Eine Prise Sterne
Der Buchspazierer
Der Geschichtenbäcker
Die Butterbrotbriefe

KRIMINALROMANE:
Die letzte Reifung
Der letzte Aufguss
Die letzte Praline
Der letzte Whisky
Der letzte Champagner
Der letzte Caffè
Tod & Trüffel
Blut & Barolo
Gran Reserva

Unser Versprechen für mehr Nachhaltigkeit
• Klimaneutrales Produkt
• FSC®-zertifiziertes Papier
• Hergestellt in Europa

FSC www.fsc.org MIX Papier | Fördert gute Waldnutzung FSC® C083411

ISBN 978-3-492-27770-9

Illustrationen im Vorsatz und Nachsatz: rawpixel.com/Freepik
Satz: Fotosatz Amann GmbH & Co. KG, Memmingen
Gesetzt aus der Bembo und der Trade Gothic
Litho: Lorenz & Zeller, Inning am Ammersee
Druck und Bindung: CPI books GmbH, Leck
Printed in the EU

Für Vanessa

Mit niemandem trinke ich
lieber ein Glas Wein.
Oder zwei.
Oder drei.

Mit Dank an meine Testleser Dr. Randolf Kauer, Uwe Bende und Gerd Henn für ihre scharfen Augen und herausragenden Gaumen.

»Wein ist Poesie in Flaschen.«

Robert Louis Stevenson

»Wein saufen ist Sünde,
Wein trinken ist beten.
Lasset uns beten.«

Theodor Heuss

Inhalt

Aperitif – oder: vorweg

Treten Sie ein! Sie können die Schuhe anlassen, aber bedenken Sie, dass meine Katzen Angst vor Schuhsohlen haben und sich dann nicht nähern werden. Vor Wein haben sie keine Angst. Gute Katzen.

Ich hoffe, Sie sind nicht allergisch gegen Katzen? Ansonsten setzen wir uns auf die Terrasse. Eine schöne Flasche habe ich uns schon aufgemacht und karaffiert (mehr dazu in Kapitel 14; im Folgenden verweisen Sternchen und Ziffern auf Infos in späteren Kapiteln). Sie stammt von meinem eigenen Steilst-Weinberg an der Terrassenmosel, wo ich mehrere Jahre lang auf Schieferboden mit wurzelechten Rebstöcken dilettierte. Im Weintrinken bin ich bedeutend besser als im Weinmachen, deshalb habe ich mich irgendwann ganz darauf verlegt.

Um es direkt zu gestehen: Dies ist nicht mein erstes Weinbuch. Ich habe über Supermarktweine geschrieben, über die besten Gewächse Deutschlands, die besten der Welt; ich bin tief in die Weinwelten meiner beiden heimatlichen Anbaugebiete eingetaucht – Mittelrhein und Ahr –; ich habe Tipps dazu gegeben, wie man ein Weinangeber wird oder in zehn Gläsern zum Weinkenner; und ich habe mein persönliches Scheitern als Weinbauer an der Mosel beschrieben und was man für das eigene Leben vom Weinbau lernen kann.

Aber so ein Buch wie dieses habe ich noch nie geschrieben.

Denn dieses Buch ist geschrieben, als wären Sie ein Freund oder eine Freundin, für die ich ein Reiseführer in die Welt des Weins sein möchte. Genau das bin ich auch für viele in meinem Freundeskreis und in der Verwandtschaft (*38), die mich nach Weintipps fragen (*49) oder mir spätabends Fotos von Weinflaschen zusenden und wissen wollen, ob der Inhalt etwas taugt.

Ich werden Ihnen alles erzählen, wovon ich denke, dass Sie es brauchen, um loszulegen. Ich warne Sie vor den Fallstricken, in denen man sich gerne verfängt. Ab und an werden Sie Nummern als Hinweise auf spätere Kapitel entdecken, in denen ich ein Thema erläutere oder vertiefe, eine Anekdote aus meinem Leben als Weinliebhaber erzähle oder einfach vor mich hin sinniere, was auch Ihnen nach ausgiebigem Weinkonsum des Öfteren passieren wird. Der Weg, um sich die Welt des Weins zu erschließen, ist unordentlich, man kommt vom Hölzchen aufs Stöckchen, auf Stamm und Borke und sieht irgendwann vor lauter Wald den Baum nicht mehr.

Dieses Buch bereitet Sie ein wenig auf dieses herrlich lustvolle Durcheinander vor. Ich werde von eigenen Erfahrungen und Erlebnissen erzählen, zum Beispiel davon, wie ich einen Wein für Wei(h)nachten auswähle (*19 und – weil es so ein wichtiges Thema ist – auch *46); Sie werden – hoffe ich zumindest – bei der Lektüre lachen und schmunzeln. Alles über Wein kann kein Buch behandeln, dafür bräuchte es eine Bibliothek. Sie bekommen von mir das Rüstzeug (wir siezen uns noch, aber obwohl unsere Freundschaft noch jung ist, mangelt es ihr nicht an Herzlichkeit) – nicht chronologisch verabreicht, sondern freudvoll und hoffentlich wohldosiert kreuz und quer.

So ging es mir in meinem Leben als Weingenießer oft genug. Kein Tag, während ich in einer kleinen Weinhandlung mit großer Käsetheke jobbte, keine Probe in meinen vinophilen Anfangstagen, bei denen ich nicht etliche Fachbegriffe nicht verstand und sie direkt danach nachschlug – damals in Fachliteratur, heute reicht da das Internet. Überhaupt ist die überwiegende Fachliteratur zum Thema Wein noch immer erstaunlich freudlos und unsinnlich, eher didaktisch und eine lexikalische Präsentation von Fakten. Dabei sind die schreibenden Kolleginnen und Kollegen im persönlichen Kontakt, also bei einem Glas (*9) Wein, zumeist sehr unterhaltsam.

Ich erinnere mich noch gut daran, wie ich erstmals das geheime Reich eines Weinjournalisten betrat: das von Joel Payne, damals Chefredakteur des »Gault&Millau Weinguide«, seinerzeit die Bibel des deutschen Weins. Sein Büro war voller wackeliger Weinkarton-Türme, teilweise mit Absendern aus fernen Ländern. Auf den Regalen thronten leere Bouteillen berühmter Güter wie Trophäen eines Großwildjägers, daneben stapelten sich Sachbücher zum Thema Wein und ganze Jahrgänge von Weinmagazinen, davor standen gefüllte Weinflaschen legendärer Güter. Dieser Mann lebte Wein, und er lebte mitten im Wein. Er holte einen Nahe-Riesling aus dem Kühlschrank, der von seiner gestrigen Probe übrig geblieben war, und wir sprachen darüber. Und es war, als würden sich mit den Worten über den Wein neue Aromen aus ihm lösen, neue Räume des Genusses sich öffnen. Da wurde mir klar, dass man über Wein reden muss. Er ist kein eremitisches Getränk, sondern ein narratives.

Noch mehr beeindruckte mich aber der Keller von Jürgen Mathäß, bei dem ich ein Praktikum absolvierte, als er »VINUM«-Chefredakteur Deutschland war. Der Boden seines niedrigen, alten und nur dürftig beleuchteten Kellers bestand aus großen Kieseln, die beim Darübergehen ein knirschendes Geräusch verursachten. Es war kühl, die Luftfeuchtigkeit hoch. Eine fremde, exotische Welt. In steinernen Fächern fanden sich die Weine, größtenteils unsortiert. Jürgen stellte die Qualität der Preziosen nicht heraus, er sagte nur: »Such dir aus, was du heute trinken willst. Egal was.« Ich wollte nicht völlig unverschämt sein und wählte einen Vina Santa Rita Casa Real, einen fantastischen Cabernet Sauvignon aus Chile. Ein noch bezahlbarer, aber großer Wein mit Würze und Länge – und, wie ich wusste, einer der Lieblingsweine von Jürgen. Als guter Gast, dachte ich, denkt man auch ein wenig an den Gastgeber.

Es war nicht zu meinem Schaden.

Nach dem ersten Schluck sprach Jürgen das höchte Lob aus, zu dem ein Pfälzer wie er fähig ist: »Kann man trinken.«

Ja, Genuss lässt sich nur schwer mit Worten transportieren (singen und tanzen lässt er sich allerdings auch schlecht). Aber die Geschichten rund um diesen Genuss lassen sich erzählen.

Doch auch in diesem Buch gibt es Fakten, Fakten, Fakten. Sehen Sie diese einfach als Training an, das Sie benötigen, um eine Sportart, in diesem Fall die des Weintrinkens, korrekt ausführen zu können. Vielleicht hilft das.

Falls nicht, trinken Sie Wein zur Lektüre, damit lassen sich die im Buch verstreuten Fakten gut herunterspülen.

Und eins noch: Wein sollte nicht bierernst sein. Schon geschmacklich wäre das ein Irrweg. Wie alles, was es auch in teuer und rar gibt, wird Wein von manchem zum Distinktionsgewinn genutzt (*31) oder einfach, um auf dicke Hose zu machen. Dabei steht manche teure Pulle nach dem Entkorken (*13) wie der König aus dem Märchen ohne Kleider da. Und manch vermeintlich einfacher Wein macht einen richtig glücklich (*32).

Vier Flaschen für ein Halleluja

Wein sollte man nicht im Kühlschrank lagern, er wird zu oft erschüttert (vor allem in der Kühlschranktür), bekommt zu viel Licht, und die Temperatur verändert sich zu oft, das macht den Korken brüchig und stresst den Wein. Stress lässt ihn altern. Da ist Wein wie wir Menschen. Es gibt sowieso viele Parallelen. Wein ist das menschlichste Getränk. Im Gegensatz zu Whisky, Gin oder Rum verändert er sich mit der Zeit, er reift. Jung ist Wein voller Spannung und Übermut, dann wird er gelassener und irgendwann ungenießbar. Wein hat gern Gesellschaft, Wein muss atmen, und auch beim Wein zählen die inneren Werte mehr als das Aussehen.

Trotz der Kühlschrankregel habe ich immer vier Flaschen darin, die aber stets innerhalb eines Monats getrunken werden. Sehen Sie, über dem Gemüsefach:

Ein Schaumwein, falls es spontan etwas zu feiern gibt.

Ein Chardonnay (*29), falls ich einen Allrounder zum Essen brauche.

Ein Riesling – Kabinett oder Spätlese – mit ein wenig mehr Restzucker, als es die Definition von »trocken« zulässt, weil es manchmal einfach einen Tick süß-saftig sein darf. Was dann nichts mit klebrigen Weinen zu tun hat, wie man sie aus dem untersten Regal im Supermarkt kennt. Oder in Ihrem Interesse: besser nicht kennt!

Ein leichter Roter, zum Beispiel ein Spätburgunder von der Mosel. Ja, ein Rotwein im Kühlschrank. Leichte Rotweine sollte man gekühlt trinken. Und ganz grundsätzlich gilt: Warm werden die Weine von allein.

Bevor man den Wein einschenkt: kurz checken, ob das Glas keinen Fremdgeruch wie Schrank angenommen hat. Das ist nämlich der Gläser liebster Zeitvertreib (*26).

Hier Ihr Riesling, schön kühl, ein säurestarker Jahrgang (*16), der weckt den Mund auf. Und die Lebensgeister gleich mit.

Noch ein Wort, oder besser mehrere, zum Kühlschrank: Wein sollte man, wie gesagt, nicht darin lagern, aber, und das ist ein großes Aber, er ist der perfekte Platz für offene Weinflaschen, die mit einem Korken oder Ähnlichem wieder dicht verschlossen werden. Hier die Erklärung: Ab dem Moment, in dem der Korken einer Flasche gezogen ist, oxidiert der

Wein. Die Oxidationsfläche sollte möglichst gering gehalten werden, deshalb sollte der Wein im Kühlschrank stehen statt liegen (wohingegen er im Keller liegen sollte, damit der Korken immer befeuchtet ist, nicht austrocknet und dicht bleibt). Da Oxidation eine chemische Reaktion ist und chemische Reaktionen bei niedrigerer Temperatur langsamer ablaufen, ist der Kühlschrank sinnvoll, und zwar für jede Art Wein, ob rot ob weiß, ob süß oder trocken. Weißweine halten sich allerdings länger als rote, süße halten sich länger als trockene, säurebetonte länger als säurearme.

Bei Rotwein gilt – Pi mal Daumen –: Eine halbe Flasche ist vier Tage haltbar, eine zu drei Vierteln volle sechs Tage, bei Weißwein sind es zwei beziehungsweise drei Tage. Altweine brauchen manchmal sehr lange, bis sie sich mit Luft öffnen, können dann aber wie im Zeitraffer verblühen. Da muss man schnell sein mit dem Trinken, und kein Kühlschrank, keine Gefriertruhe, keine Arktis kann das verhindern.

Falls eine Weinflasche nur noch zu einem Viertel gefüllt ist, sollte man sie übrigens lieber noch austrinken – bekommt man in der Regel gut hin.

Meine Initiation

Mein Weinleben begann nicht mit Deutschlands größter Rebe, dem Riesling, und auch nicht an der Mosel, wo dieser Wein gewachsen ist. Es war Herbst im Ahrtal, die Rebblätter hatten sich verfärbt, das Tal glühte rot und gelb wie ein Kaminfeuer. Ein Ausflug des Chemie-Aufbaukurses, den ich in der elften Jahrgangsstufe des Albert-Schweitzer-Gymnasiums meiner Heimatstadt Hürth gewählt hatte – und in dem die alkoholische Gärung durchgenommen wurde. Wein ist schließlich nichts anderes als vergorener Traubensaft. Eigentlich vergärt er völlig selbstständig. Legen Sie Weintrauben in einen Topf, und irgendwann wird entweder Wein daraus – oder Essig. Je nachdem, ob die Hefen auf den Schalenhäuten oder aber die Essigbakterien schneller sind.

Nach einem schweißtreibenden Spaziergang über den Rotweinwanderweg kam die Belohnung: meine erste Weinprobe – bei der damaligen Staatsweinbaudomäne Marienthal. Ich trank vergorenen Traubensaft, schmeckte aber Erdbeere, Kirsche, Vanille, Pfirsich, Zitrone, Apfel, Haselnuss, Rauch und Brioche. Ich wusste es damals nicht, aber ich war für immer verloren.

Oder besser: Ich hatte für immer gewonnen.

Was ich damals noch nicht wusste, war, dass man nach einer ausgiebigen Weinprobe (*72) einen Reparaturwein trinkt (*5). Aber ich hatte ohnehin noch so viel zu lernen.

Wein ist ein Getränk wie kein zweites auf dieser Welt. Es lässt sich solo genießen, und es begleitet Speisen besser als jedes andere (*53). Wein erfrischt im Sommer und wärmt im Winter, der Wein lindert Sorgen und befeuert das Herz. Wein begleitet einen, Wein können wir besuchen, in seinem Weinberg spazieren (*7), mit seinem Winzer fachsimpeln, der ihn vielleicht über Jahrzehnte erzeugt hat (*23; wenn ich über Winzer schreibe, meine ich stets auch Winzerinnen, von denen es immer mehr gibt), die dicke Katze (*24) streicheln, die am Eingang des Kellers schlummert, in dem der Wein einst reifte. Wein ist viel mehr als ein Getränk.

Wer sich für Wein entscheidet, der bleibt bei ihm ein Leben lang. Es ist kein kurzer Flirt, keine Affäre, keine Liebschaft, es ist eine liebevolle Beziehung, bis der Tod uns scheidet – oder die miserablen Leberwerte.

Und solange die Welt nicht untergeht, gilt: Es gibt immer einen neuen Jahrgang, immer einen neuen Wein. Es ist wie beim Fußball. Bei der einen Weltmeisterschaft blamiert man sich bis auf die Knochen, bei der nächsten holt man den Pott. Wer Wein trinkt, freut sich auf die Zukunft (*71).

Eine Reise, die man nicht allein machen sollte

Wenn Sie dieses Buch erworben oder geschenkt bekommen haben, befinden Sie sich schon auf der Reise zum Wein (*1). Mein erster Rat ist: Suchen Sie sich Reisebegleiter. Es ist zwar eine Reise, auf die man sich auch allein begeben kann, aber mit anderen macht es mehr Freude, selbst wenn sie einen nicht den ganzen Weg, sondern nur einen Abschnitt lang begleiten. Über, mit und durch den Wein habe ich viele Freundschaften geschlossen. Das Reden über Wein, das gemeinsame Genießen großartiger (*22) wie auch schlechter Weine (*25), auch der gemeinsame Rausch haben uns verbunden. Aber das schon gleich eingangs, denn ich möchte hier nichts beschönigen: Alkohol ist gesundheitsschädlich (*17), auch in kleinen Mengen. In größeren Mengen kann er nicht nur physisch, sondern auch psychisch zu gewaltigen Problemen führen.

Und noch etwas will ich nicht schönreden: wer Deutschlands größter Weinhändler ist. Sie ahnen es schon, oder? Es sind die Lebensmitteldiscounter. Und der Durchschnittspreis für eine in Deutschland verkaufte Flasche Wein liegt bei 2,73 Euro pro 0,75-Liter-Flasche.

Jeder Euro, den Sie in dieser Preisklasse mehr ausgeben, lohnt sich. Haben Sie zwei Weine eines Weinguts derselben Rebsorte vor sich und einer kostet zwei Euro mehr, dann schmeckt er in diesem Preissegment auch nach zwei Euro mehr. Bei Weinen, die fünfzehn, zwanzig, dreißig oder gar siebzig, achtzig Euro kosten, ist das dann überhaupt nicht mehr zu sagen (*61). Und am anderen Ende der Preispyramide stehen Weine, die nur an Stammkunden zugeteilt werden, bei denen man mehrere andere Weine kaufen muss, um eine Buddel der begehrten Flüssigkeit zu erhalten (*45), oder Weine, die man nur in Subskription (*4) erwerben kann. Weine, die manche als Geldanlage erwerben, was grundsätzlich eine richtig schlechte Idee ist (*10).

Intern versuchen alle Weingüter, eine der Weinqualität entsprechende Preispyramide aufzubauen. Dabei bedeutet »schmeckt besser« in diesem Zusammenhang meist: komplexer, feiner, balancierter, mit längerem Nachhall. Aber: Manchmal möchte man das ja gar nicht. Und lassen Sie sich nicht einreden, das wäre nicht in Ordnung. Schieben Sie Weinsnobismus von Anfang an einen Riegel vor. Der macht auf lange Sicht nämlich Ihren Weingenuss kaputt. Als Weinsnob darf man sich den Luxus eigenen Geschmacks nicht erlauben, sondern muss trinken, was angesagt und teuer ist. Das ist aber selten genau das, was Ihnen schmecken wird. In der Weinpresse – und da nehme ich mich nicht aus – gibt es Geschmackstrends (*27) beziehungsweise sogar Geschmacksüberzeugungen. Zum Beispiel, dass die besten Chardonnays und Pinot Noirs (*41) von kalkigen Böden stammen oder die besten Rieslinge mit Fruchtsüße auf Schiefer gewachsen sind. Damit verschließt man aber die Augen vor der wunderbaren Vielfältigkeit der Aromen, vor der wunderbaren Fähigkeit von Wein, einen Jahrgang (*12) wiederzugeben.

Verkorkte Jahre

Es gibt Jahrgänge, bei denen selbst echte Luschenwinzer nichts falsch machen konnten. Und andere, bei denen sich die Spreu vom Weizen trennt und nur echte Spitzengüter, die aufwendig in ihren Weinbergen arbeiten, dort viel selektionieren, zum Teil auch im Weingut selektionieren (also die guten von den schlechten Trauben oder Beeren trennen), großartige Weine auf die Flasche bringen – und alle anderen nur mediokres Zeug. Aber die meisten Jahrgänge sind irgendetwas dazwischen. Es gibt Jahrgänge, die als groß gelten, vor allem aber nur heiß und deren Weine alkoholisch waren. Andererseits gibt es Jahrgänge, die als klein gelten, weil sie kühl waren, in denen einige Winzer aber die besten Weine ihrer Karriere abgefüllt haben. Winzer Schmitz hat einen großen Jahrgang, Winzer Müller im nächsten Ort nicht, weil seine Weinberge eine Flussschleife weiter ganz anderes Wetter abbekommen hat. Ein Jahrgang kann herausragend für Eiswein sein, aber schlecht für Trockenbeerenauslesen, wunderbar für Riesling, schlecht für Chardonnay, genial für Sekt und miserabel für spät reifende rote Rebsorten. Jahrgangseinschätzungen und Jahrgangstabellen sind starke Verallgemeinerungen und damit Simplifizierungen.

Aber Jahrgangstabellen haben auch ihr Gutes. Sie geben einem das Gefühl, man hätte die Reifung seiner Weine im Griff und würde sie irgendwann zum perfekten Zeitpunkt, dem des größten Genusses, ins Glas gießen. Ein schöner, das Herz erwärmender Gedanke.

Ein irreführender, aber ein schöner.

Denn jede Flasche reift ein wenig anders heran. Selbst wenn zwei Flaschen des gleichen Weins im selben Keller direkt nebeneinanderliegen, gehen sie irgendwann eigene Wege. Zeit ist relativ. Wein beweist das eindringlicher, als Einstein es je konnte.

Wichtig für die Lagerung von Wein ist es, einen dunklen, erschütterungsfreien Raum mit konstanter Temperatur zu haben, idealerweise kühl und so feucht, dass die Korken nicht austrocknen. Falls Ihr Kellerraum nicht optimal sein sollte, können Klimatüren für eine entsprechende Feuchtigkeit und Temperatur sorgen. Es gibt Firmen, die sich darauf spezialisiert haben, perfekte Weinkeller zu errichten. Mein eigener, oder besser der meiner Sippe, denn darin lagern auch die Flaschen meines Vaters, ist ein umgebauter Partykeller mit Holzregalen und Plastikkisten, die Fenster sind alle mit Spanplatten abgedunkelt. Hier herrscht das reinste Chaos. Aber immerhin gibt es noch ein paar Tropfkerzen von früher. Die werden ja nicht schlecht.

Aber zurück zum Jahrgang. Je mehr Sie für einen Wein ausgeben, desto relevanter wird er. Wenn Sie also einmal einen großen Latour trinken wollen, zahlen Sie lieber hundert Euro mehr und haben dann einen großen Jahrgang, als das Geld zu sparen und sich immer zu fragen, wie der Wein schmeckt, wenn alles passt. Bei einem Spitzenwinzer prägt der Jahrgang den Wein sehr, aber qualitativ hochwertig wird er immer arbeiten.

Die Unterschiede von Jahrgang zu Jahrgang betreffen unter anderem Parameter wie Säure, Alkohol, Reife. Mancher Jahrgang ist im Schnitt alkoholischer als andere, säurebetonter oder unreifer – weil die Weingüter vor einer angekündigten Schlechtwetterperiode schnell alles gelesen haben. Aber der Stil eines Weines bleibt gleicht. Wenn Ihnen ein Wein gefällt, dann wird er Ihnen in jedem Jahrgang gefallen – natürlich mal mehr, mal weniger. Aber diese Varianz will man ja gerade, dass der Jahrgang schmeckbar ist, dass es nicht wie bei Coca-Cola ist, das immer gleich über die Zunge zuckelt.

Aber glauben Sie nicht, alles probieren zu müssen, glauben Sie an keinen Kanon der großen Weine der Welt. Nur weil ein Wein über tausend Euro kostet, muss er Ihnen nicht schmecken. Ganz im Gegenteil, ich garantiere Ihnen: Wenn Sie Weinnovize sind und einen der vermeintlich »größten« Weine der Welt trinken, werden Sie enttäuscht sein. Um einen solchen Wein verstehen oder gar würdigen, seine feinen Nuancen schätzen zu können, muss man sehr viele andere Weine zuvor getrunken haben. Ich habe zu oft den Fehler gemacht, große Weine zu trinken, obwohl ich noch nicht bereit dazu war. Meine Neugierde war zu groß für meinen Gaumen.

Kommt ein Jahrgang auf den Markt, vermelden alle Winzer weltweit immer, dass es ein sehr guter Jahrgang sei, denn sie wollen das Zeug ja verkaufen. Sie wollen nicht, dass die Weingenießer den Jahrgang auslassen und auf den nächsten warten. Glauben Sie Winzern bei der Jahrgangseinschätzung erst mal kein Wort. Bei der Menge wird übrigens meistens geklagt, nie ist es genug. Was dem Kunden natürlich auch signalisiert: Es ist nicht viel davon da, deck dich lieber ein.

Kennen Sie einen Winzer besser, wird er mit Ihnen aber auch mal offen reden. Dann sind Sie vom Status Kunde zum Status Freund des Weinguts aufgestiegen (*56). Falls Sie allerdings hoffen, über den Umweg des Weins einem Promi die Hand schütteln zu können, der das entsprechende Weingut besitzt, sollten Sie lieber einen anderen Weg einschlagen. Mittlerweile produzieren zwar so einige Berühmtheiten Weine, aber die allerwenigsten davon machen sich im Weingut selbst die Hände schmutzig (*18). Einige geben ihren vermeintlich verkaufsfördernden Namen auch nicht wirklich für Wein her, sondern nur für etwas Weinähnliches (*62).

Anders als Dosenerbsen: kein Mindesthaltbarkeitsdatum

Neben Jahrgangstabellen gibt es auch Trinkzeitempfehlungen. Für ein paar Jahre war ich Chefredakteur des »Gault&Millau-Weinguide« und danach des »VINUM-Weinguide«, die solche Trinkzeitempfehlungen enthielten – obwohl wir es gehasst haben, sie zu geben. Warum? Weil wir im Internet ständig Kommentare wie diesen lesen mussten: »Der ›Weinguide‹ hat gesagt, das Trinkzeitfenster für diesen Wein ist 2008–2012. Jetzt haben wir 2018, und er ist immer noch frisch wie der junge Morgen!« Gar nicht so subtiler Subtext: Diese Pfeifen haben keine Ahnung von Wein!

Was dabei nie begriffen wurde: Eine Trinkzeitraumempfehlung meint mitnichten ein Mindesthaltbarkeitsdatum. Sie ist nicht mehr als ein kompetenter Rat, wann der Wein mit hoher Wahrscheinlichkeit gut zu trinken sein wird. Und diese Einschätzung tätigt man vor dem Hintergrund, dass man als Weinjournalist keine Ahnung hat, wie der Wein gelagert wird, ob in einem perfekt klimatisierten Keller oder im Wohnzimmerschrank am immer mal wieder geöffneten Fenster. Dazu kommt, dass nicht nur jeder Wein, sondern – vor allem bei Weinen mit Korkverschluss – jede Flasche anders (und zudem je nach Flaschengröße unterschiedlich) altert (*35). Auch können sehr gute Weine Phasen durchmachen, sie verschließen sich ein paar Jahre und öffnen sich dann wieder. Faktoren, die Trinkreifetabellen nicht abbilden. Falls Sie solche also lesen, genießen Sie sie mit der gebotenen Vorsicht. Alte Weine transzendieren zudem reinen Geschmack, sie erzählen eine Geschichte, wenn man nur genau zuhört – und zuschmeckt (*39). Und wo wir dabei sind, es gibt noch etwas, um das ein Riesenbohei gemacht wird, das Sie aber ebenfalls mit Vorsicht genießen sollten: Empfehlungen zur Trinktemperatur. Die wirken immer, als würde der Wein nur in einem bestimmten Temperaturfenster von zwei, drei Grad schmecken. Was für einen Stress das bereitet! Natürlich gibt es die ideale Temperatur, aber die ist bei jedem Weintrinker und bei jeder Jahreszeit ein wenig anders. Im Sommer trinke ich meinen Rotwein kühler als im Winter. Weil er mir dann einfach besser schmeckt.

Deswegen können Sie sich auch Kokolores wie Weinthermometer sparen. Ich habe mindestens zwei. Eine Art große Metallschnalle, die an die Flasche klippt, und ein kleines, das man in den Wein oder das Weinglas hängen kann. Beide habe ich nur einmal benutzt und dann nie wieder. Diese ganzen Temperaturtabellen für Weine entmündigen uns Weingenießer nur. Grundsätzlich lagere ich Wein kalt; wenn er ins Glas gegossen wird, ist er sofort ein Grad wärmer, und ab da erwärmt er sich immer weiter. Es ist spannend zu beobachten und faszinierend, wenn er den perfekten Punkt erreicht hat. Aber auch die Weintemperatur ist individuell: Mancher mag seinen Wein wärmer, mancher kühler. Was völlig okay ist. Auch damit Weine nicht zu schnell warm werden, schüttet man die Gläser nicht bis zum Rand voll und packt sie nicht am Kelch an. Darf man Rotwein kühl trinken? Aber natürlich, wenn er Ihnen so besser schmeckt. Für mich macht es nur bei leichten Weinen, also solchen mit wenig Alkohol, Sinn, wohingegen bei einem gehaltvollen, also alkoholischeren, zu viel Kälte zu einem unharmonischen Geschmackseindruck führt. Sie werden das für sich herausfinden, vertrauen Sie Ihrem Geschmack!

Vertrauen Sie sowieso nichts anderem mehr als Ihrem eigenen Geschmack.

Und nicht jedem Trend.

Wie jede Welt des Luxus oder der Kunst liebt auch die des Weins Trends. Sie bewegen sich relativ träge – allerdings schneller, seit es das Internet und Wineporn (*3) gibt –, aber sie existieren. Einst gab es in Deutschland den Trend zum Wein, der im Barrique (*11), also im Eichenholzfass, ausgebaut war. Dann den Trend zu Weinen, die spontan vergoren wurden (berühmt dafür ist zum Beispiel das Mosel-Weingut Joh. Jos. Prüm, *37). Dann den Trend, einen Teil des Weißweins wie einen Rotwein zu verarbeiten, um ihm mehr Phenole mitzugeben. Und aktuell den Trend, den Wein sehr lange auf der Vollhefe zu belassen. Einst war es ein Trend, alkoholstarke Weine an den Start zu bringen, dann war es angesagt, leichte zu trinken. Einst wurden edelsüße Weine in den Himmel gehoben, dann die trockenen, nun die mit leichter Fruchtsüße. Und dann ist da natürlich noch der Trend zu Naturweinen. Oder der Orange-Trend, den Sie im Folgenden noch näher kennenlernen werden.

Diese Trends sorgen für Schwung und Themen sowie neue Weine, über die sich wunderbar reden lässt – übrigens in einer eigenen Sprache (*6); auch spezielle Zaubersprüche für Weinproben existieren (*51). Relevant sind sie vor allem für Weintrinker, die Trends folgen, weil sie nicht wissen, was ihnen schmeckt.

Die Emanzipation des eigenen Geschmacks

Ihr Geruchs- und Ihr Geschmackssinn ändern sich mit den Jahren. Beide werden schlechter. Frauen haben grundsätzlich bei beiden einen evolutionären Vorteil, aber auch bei ihnen kennt die Zeit kein Erbarmen. Ausgleichen kann man den Verlust durch Training. Ich finde, das ist ein fairer Deal.

Aber auch Ihre Vorlieben werden sich ändern: Was Ihnen jetzt gefällt, ist in zehn Jahren vielleicht nicht mehr Ihr Ding. Verharren Sie nicht bei Lieblingsweinen, die längst keine mehr sind. Oder bei säurebetonten Weinen, die Sie nicht mehr so gut vertragen. Die Weinwelt hat auch anderes zu bieten.

Den Aspekt des eigenen Geschmacks möchte ich noch etwas weiter ausführen, denn er ist so unglaublich wichtig. Nicht nur bei Wein, auch bei allem anderen. Mich hat meine Liebe zu Wein viel über das Leben, das Universum und den ganzen Rest gelehrt. Und zu dem Rest gehörte ich selbst.

Jahrelang galt Orson Welles' »Citizen Kane« als bester Film aller Zeiten – traf er Ihren Geschmack? James Joyce' »Ulysses« gilt als eines der größten Meisterwerke der Literatur, genau wie Marcel Prousts »Auf der Suche nach der verlorenen Zeit«. Haben Sie diese Bücher gelesen und – falls ja – genossen? Machen Sie sich frei von Empfehlungen und Legenden. Es sind Hinweisschilder, die sicherlich aus guten Gründen aufgestellt wurden, aber es ist nicht gesagt, dass Ihnen der Weg gefällt. Falls Sie keine säurebetonten Weine mögen, wird der beste Riesling der Welt (wenn es so etwas überhaupt gäbe, was nicht der Fall ist) Sie nicht nur kaltlassen, sondern Ihnen schlichtweg nicht schmecken. Schätzen Sie keine Reifenoten beim Champagner (*30), werden Sie den teuersten Sprudlern einen Prosecco vorziehen. Und das ist auch völlig in Ordnung so. Weinsnobismus dient nur dem Distinktionsgewinn.

Was allerdings eine grundsätzliche Frage ist: Wollen Sie ein industrielles Produkt oder ein handwerkliches? Da Sie dieses

Buch lesen, ist Letzteres der Fall. Aber auch gegen ein industrielles Produkt ist nichts zu sagen, wenn jemand damit glücklich ist. Ich bin es nicht. Da trinke ich lieber Bier. Wenn Wein, dann muss er gut sein. Das kann auch ein Tropfen für sechs Euro die Flasche sein, aber keiner, der mit allerlei Mittelchen hingefriemelt wurde. Der zuerst weintechnisch komplett ausgelutscht wurde, um ihm nachher mittels Mittelchen und Pülverchen und Reinzuchthefen einen vorher genau definierten Geschmack zu verpassen.

Das kleine Ein-Mal-Wein(s)

Aber ich erkläre den zwölften Schritt vor dem ersten.

Was ist überhaupt Wein? Vergorener Traubensaft. Theoretisch kann man aus jeder Traube Wein machen, unterschieden wird jedoch zwischen Tafel- und Weintrauben, und nur aus Letzteren kommt etwas mit großer Freude Trinkbares heraus. Es gibt unzählige Rebsorten für Wein, aber entscheidend ist *Vitis vinifera vinifera*, die Edle Weinrebe, die Echte Weinrebe, eine Liane – ja, richtig gelesen –, die bis zu zehn Metern lang werden kann.

Viele Länder auf dem Erdball betreiben Weinbau, in der Regel liegen sie zwischen dem 30. und 50. Breitengrad (nördliche Halbkugel) sowie dem 30. und 40. Breitengrad (südliche Halbkugel). Allerdings bringt die Klimakatastrophe die Werte stark durcheinander. In einigen klassischen Weinbauregionen wird es immer heißer und trockener, wogegen Länder wie England sich zur Wunschheimat der Pflanze entwickeln. Schon sehr lange ist die Weinrebe eine Kulturpflanze, aktuelle Schätzungen gehen davon aus, dass sie bereits vor 11 500 Jahren domestiziert wurde, und zwar zeitgleich in der Region des heutigen Georgien und im heutigen Irak – rund 1000 Kilometer voneinander entfernt. Weinbau gilt damit als erste vom Menschen domestizierte Kultur.

Die ältesten Weinreben der Welt, die immer noch Früchte tragen, stehen allerdings im Klostergarten des Hampton Court Palace in England und sind 400 Jahre alt. Die Weinhistorie steckt voller Überraschungen. Meine Heimatstadt Köln galt zum Beispiel als Weinfass der Hanse, und einst wurde hier innerhalb der Stadtmauern tatsächlich Wein angebaut. Die Zukunft des Weins verspricht weitere Wunder. Im Süden Englands herrschen mittlerweile ähnliche klimatische Verhältnisse wie früher in der Champagne, und auch die Böden sind vergleichbar. Werden die teuersten Prickler also vielleicht irgendwann englisch sprechen?

Weltweit wird heute auf über vier Millionen Hektar Wein angebaut. Deutschland mit rund 100 000 Hektar, Österreich mit gut 50 000 und die Schweiz mit knapp 15 000 Hektar sind da eher kleine Fische.

Hier die Liste der global führenden Weinländer nach Produktionsmenge (Stand 2022):

1. Italien
2. Frankreich
3. Spanien
4. USA
5. Australien
6. Chile
7. Argentinien (*52)
8. Südafrika
9. Deutschland
10. Portugal

Und weil es so überraschend ist, hier auch noch die nächsten zwei Plätze:

11. Russland
12. China

Diese Rangliste ist nicht gleichbedeutend mit der Größe der Anbauflächen, da hat Spanien die Nase vorn.

Noch haben die Länder Nordeuropas nicht die Nase vorn (weil hier auch viele Tafeltrauben zum Verzehr produziert werden), aber wer weiß, was in fünfzig, sechzig Jahren sein wird (*43), wenn es im globalen Süden zu heiß und trocken wird, um Weinbau zu betreiben. Auch Deutschlands Norden ist auf dem Weg zur Weinregion (*48). Die Klimathematik beschäftigt Winzer weltweit jedenfalls heute schon sehr. Auch Wetterkapriolen werden immer mehr zu einem Thema (*44).

Und gleich noch eine Rangliste, weil Sie sich bestimmt die Frage stellen, welche Rebsorten weltweit am häufigsten angebaut werden.

Die Top Zwölf der meistangebauten Rebsorten sind – in dieser Reihenfolge:

1. Cabernet Sauvignon (Rot)
2. Merlot (Rot)
3. Tempranillo (Rot)
4. Airén (Weiß)
5. Chardonnay (Weiß)
6. Syrah (Rot)
7. Grenache (Rot)
8. Sauvignon blanc (Weiß)
9. Trebbiano Toscano (Weiß)
10. Pinot Noir (Rot)
11. Sangiovese (Rot)
12. Riesling (Weiß) (*57)

Airén wird Ihnen vielleicht unbekannt sein, was daran liegt, dass die Spanier, die so ungefähr die Einzigen sind, die diese eher belanglose Rebsorte anbauen, sie selten aufs Etikett (*21) schreiben – oder den Wein destillieren. Wenn Sie die anderen elf halbwegs am Geschmack erkennen können, gehören Sie in der Welt des Weins schon zu den Top fünf Prozent der Weinkenner. Was nicht heißt, dass nicht auch viele andere Rebsorten hervorragende Weine erbringen können, darunter auch solche, die lange Zeit nur für Massenware bekannt waren (*58). Wenn Winzer sich damit richtig Mühe geben, den Ertrag begrenzen, nur die besten Trauben auswählen und sie im Keller behandeln wie andere Spitzenweine, werden plötzlich Aromen herausgekitzelt und eine Geschmackstiefe erzeugt, die ihnen niemand zugetraut hatte. Da hilft einem die Weinwelt immer wieder dabei, zu begreifen, dass man stets bereit sein muss, Vorurteile über Bord zu werfen.

Bei Rebsorten werden Sie sehr schnell auf den Begriff »autochthon« treffen. Autochthon ist eine Rebsorte in der Region, in der sie entstanden ist (*67). Also der Elbling an der Mosel, die Touriga Nacional in Portugal oder der Grüne Veltliner in Österreich. Wird der Elbling dagegen in Rheinhessen oder dem Elsass angebaut, gilt er dort nicht als autochthon. Ein Qualitätsmerkmal ist autochthon nicht, meist wird der Begriff für Rebsorten genutzt, die ausschließlich oder hauptsächlich in ihrer Ursprungsregion angebaut werden, im Gegensatz zu den weltweiten Rebsortenstars wie Cabernet Sauvignon oder Merlot.

Was Sie von einigen Rebsorten zu halten haben, verrät Ihnen übrigens Ihr Handy (*20).

Hier noch eine Liste von Rebsorten, die Sie nicht kennen müssen, aber die sich als Zungenbrecher hervorragend eignen.

Fünf Rebsorten, deren Namen man leichter aussprechen kann, wenn man sie getrunken hat:

- Fetească Neagră (die »Schwarze Mädchentraube«, Rumänien)
- Hondarrabi Zuri (Spanien)
- Xeromacherouda Mavri (Griechenland)
- Rkaziteli (Georgien)
- Amor-Não-Me-Deixes (Portugal)

Manchmal ist allerdings nicht die Rebsorte exotisch, sondern die Herkunft des Weins (*28 und *34). Tatsächlich wird auch in Wüsten oder in Ländern, in denen es nicht die klassischen Jahreszeiten gibt, Wein angebaut.

Die fünf Farben des Weins

In der oben abgedruckten Übersicht über die meistangebauten Rebsorten habe ich in Klammern die Farbe der Reben genannt. Bei Weinen gibt es aber nicht zwei, sondern fünf Farben – obwohl das Fruchtfleisch, und damit der Traubensaft, in nahezu allen Fällen farblos ist. Für Rotwein werden rote Trauben eingemaischt, das heißt zerquetscht und dann als eine Art Traubenbrei stehen gelassen. Die Trauben können entrappt/abgebeert sein, das heißt von ihrem Stielgerüst befreit, oder auch nicht oder zum Teil. Das ist eine stilistische Frage, denn in den Stielen finden sich Tannine. Eine andere stilistische Frage ist, ob das Weingut mit Kaltmazeration arbeitet, das heißt die Maische zuerst herunterkühlt, um die Gärung hinauszuzögern, was zu feineren Aromen führt – viele Spitzenbetriebe gehen so vor.

Während der alkoholischen Gärung lösen sich die in Schalen enthaltenen Farbstoffe und gehen in den Saft über, der Most genannt wird. Auch Gerbstoffe (Tannine) aus den Kernen und Beerenhäuten werden gelöst. Da die festen Bestandteile sich an der Oberfläche sammeln, als sogenannter Tresterhut, müssen sie regelmäßig in den Most heruntergedrückt werden, wenn man eine ordentliche Extraktion erreichen will.

Es gibt auch noch die Methode der Maischeerhitzung (die aber meist nur für einfache Weine eingesetzt wird, die dann marmeladig schmecken) oder die Kohlensäuremaischung, die zu sehr fruchtigen Noten im Wein führt. Beide sind jedoch Randerscheinungen.

Die Gärung geschieht durch Hefen, die sich auf den Beerenhäuten befinden, im Gärbehälter, in Kellerschläuchen (Spontangärung, *64) oder mit Hefen, die zugegeben werden (Gärung mit Reinzuchthefen). Eine Besonderheit der Spontangärung, die dann gar nicht mehr ganz so spontan ist, nennt sich »Pied de Cuve«. Vor der Lese werden Trauben geerntet und vergoren. Bei der Lese werden die Maischen und Moste mit dieser Pied de Cuve »geimpft«, um die Gärung fix in Gang zu bringen. Es gibt sogar Winzer, die ihre Pied de Cuve im Weinberg herstellen, um sicherzugehen, dass es keine Hefen aus dem Keller oder den darin liegenden Schläuchen sind, sondern wirklich die Hefen des Weinbergs.

Das Auspressen der Maische nennt man Keltern. Der Most wird dann vergoren, Hefe verwandelt Zucker in Alkohol und Kohlendioxid. Je niedriger die Temperatur ist, bei der dies geschieht, desto länger dauert es. Ist der ganze Zucker umgewandelt, endet die Gärung; das passiert auch, wenn der Wein einen sehr hohen Alkoholgrad erreicht hat, der die Hefen absterben lässt. Auch durch Kühlung und Filtration kann die Gärung beendet werden – wenn zum Beispiel noch etwas Restzucker erhalten bleiben soll.

Danach reift der Wein für einige Monate in Holzfässern, Amphoren sowie Stahl- oder Betontanks, was man als »ausbauen« bezeichnet. Sehr selten reift er darin sogar für viele Jahre (*59).

Da Holzfässer teuer sind, helfen sich Weingüter bei günstigeren Weinen manchmal mit – erlaubten – Tricks in Form von Holzchips, Holzlatten (Staves) oder ganz profan Holzaroma (*65).

Beim Weißwein gibt es keine oder nur eine kurze Maischestandzeit, die Trauben werden sofort abgepresst, sodass kaum oder keine Gerb- und Farbstoffe in den Most gelangen.

Beim roséfarbenen Wein (*8) gibt es vier Methoden: entweder eine kurze Maischestandzeit, sodass nur wenig Farbstoffe in den Most übergehen, eine Vermischung von roten und weißen

Trauben (Rotling) oder eine Vermischung von rotem und weißem Most oder aber eine von rotem und weißem Wein. Je nach Land und Region gibt es da unterschiedliche Traditionen und Regelungen. Eine Besonderheit ist das Saignée-Verfahren, was übersetzt »Aderlass« bedeutet. Dabei zieht man von der Rotweinmaische Most ab, der noch nicht viele Farbpigmente aufgenommen hat – der Rest der Maische vergärt weiter und weist dann im Verhältnis eine höhere Konzentration an Farbe und Tanninen auf, als er ohne diesen Abzug erhalten hätte.

Die vierte Weinfarbe neben Rot, Weiß und Rosé ist Orange. Die Herstellung ist ganz einfach: Weißweintrauben werden wie Rotweintrauben behandelt, also mit Maischegärung. Diese Weine unterscheiden sich nicht nur farblich von Weißwein, sondern schmecken durch die aufgenommenen Tannine auch deutlich anders, in der Regel herber und kantiger. Irritierender Fakt: Wenn Sie aus reifen Grauburgundertrauben einen orangefarbenen Wein herstellen, wird dieser aussehen wie ein Rosé, denn die Beerenhäute der Rebsorte haben einen rötlichen Schimmer.

Er gilt dann aber trotzdem als Orangewein und nicht als Rosé. Verwirrend. Aber auch beim Wein geht es nicht immer logisch zu.

Die fünfte Weinfarbe gibt es offiziell nicht. Es ist auch keine richtige Farbe, obwohl ich finde, es sollte eine sein: Trüb. Wird ein Wein nicht filtriert und/oder nicht sauber vom Bodensatz, der sich am Grund des Fasses oder Tanks bildet (vor allem abgestorbene Hefen bilden diese Trubstoffe), getrennt, ist er trüb. Damit verhindert man, dass Aromen bei der Filtration und der Schönung verloren gehen. Sieht aber für manchen unschön aus. Und kann auch dazu führen, dass der Wein mikrobiologisch noch mal nachgärt. Dann könnte irgendwann die Flasche explodieren. Aber keine Angst, das passiert nur äußerst selten.

Es gibt übrigens auch die Meinung, dass die Aromen besser herauskommen, wenn der Wein filtriert wird oder völlig sedimentiert und damit »blank« ist. Trübung, sagt diese Fraktion, maskiert leicht den Wein oder verändert die Sensorik.

Naturburschen

Bei trüben Weinen kommen wir zu einem, wenn nicht sogar *dem* Trendthema in der Welt des Weins im letzten Jahrzehnt: Naturwein.

In einer Welt der perfekten Filter ist das Grobe, Kantige, dem man anschmeckt, dass da nichts geschönt wurde, von besonderem Wert. Und bei welchem Lebensmittel findet man das schon? Bei welchem spürt man eine Natur, die nicht alles mit sich machen lässt oder die der Mensch sein lässt, wie sie ist?

Offiziell definiert ist Naturwein nicht. Inoffiziell gilt Folgendes: Die Trauben für Naturwein müssen aus zertifiziertem Bioanbau stammen (oder aus biodynamischem, *47). Bei der Vinifikation gilt: Nichts wird dazugegeben, nichts wird weggenommen. Außer der Tresterhut natürlich, sonst wäre der fertige Wein nicht flüssig genug.

Aber: keine Filtration, keine Schönung, keine Schwefelung, keine Reinzuchthefe, keine Enzyme, nichts dergleichen. Was nicht bedeutet, dass jeder Naturwein trüb ist, denn man kann den Wein auch vom Bodensatz trennen, also »abstechen«, wodurch auch ohne Filtration ein blanker Wein entsteht. Aber ein bisschen Trübung wird gern gesehen. Aktuell gehen die Begrifflichkeiten durcheinander, Naturwein und Orangewein werden manchmal gleichgesetzt, was sie allerdings nicht sind.

Der so schön hat geprickelt in mein Bauchnabel

Was Sie noch als Rüstzeug brauchen, ist, wie Schaumwein gemacht wird. In Deutschland als Sekt bekannt, in Frankreich als Crémant, in der Champagne als Champagner (den Einstieg wagen viele bei Aldi, *33), aus einigen Regionen Spaniens kommt der Cava, aus einer ganz besonderen Region in Italien der Franciacorta.

Hergestellt werden hervorragende Sprudler immer nach derselben Methode. Zuerst wird ein Weißwein erzeugt, im Idealfall einer mit viel Säure und wenig Alkohol. Abgefüllt wird dieser in stabile Glasflaschen, und hinzugefügt wird eine Fülldosage aus Hefe und Zucker. Dann kommt ein Kronkorken darauf. Die Hefe vergärt, produziert dabei Alkohol und Kohlendioxid, was beides in der Flasche bleibt. Die abgestorbenen Hefereste werden über Tage in den Flaschenhals gerüttelt, aus dem Schaumwein entfernt, und die Flasche wird wieder aufgefüllt. Mit dem gleichen Schaumwein und der Versanddosage, die meist aus in Wein gelöstem Zucker besteht. Diese Methode nennt man traditionelle Flaschengärung oder »Méthode champenoise«.

Eine zweite Methode, die in letzter Zeit wieder in Mode gekommen ist, nennt sich »Méthode rurale« oder »Méthode dioise ancestrale« und das Ergebnis davon »Pétillant Naturel« beziehungsweise kurz »Pét Nat«. Der Unterschied zur traditionellen Flaschengärung ist, dass hierbei keine zweite Flaschengärung durchgeführt, sondern der gärende Weinmost ab dem gewünschten Moment in Flaschen gefüllt und verschlossen wird. Dadurch findet die restliche Vergärung in der Flasche statt, das Kohlendioxid kann nicht entweichen, und es entstehen die begehrten Bläschen.

Was müssen Sie noch wissen, um das Handwerkszeug zu haben? Die mysteriöse »Malolaktische Gärung« vielleicht? Auch bekannt als biologischer Säureabbau (BSA), wird bei ihr die harsche Äpfelsäure in milde Milchsäure umgewandelt. Will ein Winzer seinen Wein spritzig, wird er versuchen, sie zu verhindern; wünscht er ihn etwas sanfter am Gaumen, wird er sie forcieren. Manchmal macht der Wein aber auch einfach, was er will, und der Winzer muss damit klarkommen – genau wie später der Weingenießer. Da aber immer weniger Äpfelsäure in Weinen vorkommt, ist der Effekt dieser Gärung nicht mehr so groß wie in früheren Zeiten. Läuft der BSA falsch, riecht und schmeckt der Wein ein bisschen käsig.

Sie fragen sich, warum mein Moselwein in Ihrem Glas eine feine Süße aufweist? Nein, es wurde kein Süßmost wie in früheren Zeiten zugesetzt, das machen heute zumeist nur noch große Kellereien für ihre süße Discounter-Plörre. Wer heute einen süßen Wein erzeugen möchte, kühlt den Most einfach herunter und filtert die Hefen raus. Das war's. Manchmal hört ein Wein – vor allem einer, der mit wilden Hefen spontan vergärt – auch einfach auf mit der Gärung und sagt: reicht mir, passt so. Manche Moste haben so viel Zucker, dass keine Hefe schaffen könnte, diesen komplett umzuwandeln – das ist zum Beispiel bei deutschen Trockenbeerenauslesen der Fall oder beim berühmten Strohwein (*40). Eine Besonderheit im Süßweinbereich ist der Eiswein, der nur aus gefrorenen Trauben gekeltert werden darf (*42). Eine andere Besonderheit im Bereich süßer Wein ist Glühwein. Der hat mit einem echten Süßwein allerdings nichts zu tun – und über Glühwein sollte man ohnehin besser schweigen (*54).

Bei einigen Spielarten wird der gärende Most, in dem noch nicht aller Zucker in Alkohol umgewandelt wurde, mittels der Zugabe von hochprozentigem Alkohol gestoppt. Beispiele für diese gespriteten sind der Portwein aus dem Douro-Tal (Portugal), der französische Vin Doux Naturel oder Madeira und Marsala aus Spanien.

Jetzt wissen Sie das Wichtigste. Aber wenn Sie tiefer in die Materie einsteigen, ist da noch viel, viel mehr. Exotische Methoden, erstaunliche Traditionen und auch sehr merkwürdiger

Kram. Zum Beispiel alkoholfreier Wein (*2). Aber ich will Sie nicht erschlagen, denn das passiert beim Thema Wein nur allzu leicht. Vor allem, wenn man in die unterschiedlichen Weinstile unterschiedlicher Länder einsteigt, die Besonderheiten der Etiketten. In manchen Ländern und Regionen schreibt man die Rebsorte aufs Etikett, in anderen nur den Namen der Region, denn jeder, der vor Ort Wein trinkt, weiß schon allein dadurch, welche Rebsorten drin sein könnten und ob der Wein süß oder trocken (also nicht süß) schmeckt.

In Deutschland gibt es Prädikatsstufen wie Kabinett, Spätlese und Auslese, die nur Aufschluss darüber geben, wie viel Öchsle – also Zucker – der Most aufgewiesen hat. Sie sagen nichts über die Qualität. Außer für feinherbe und frucht- und edelsüße Weine kommen sie langsam aus der Mode.

Es gibt auch Auszeichnungen und Medaillen von Weinwettbewerben (*68), die manchmal in Gold und Silber auf den Flaschen pappen. Viele Spitzenbetriebe nehmen an Wettbewerben gar nicht mehr teil, denn die Ergebnisse sagen meist wenig aus. Im Normalfall nur, dass der Wein in Ordnung ist, wenn auch Mainstream.

Die diversen Etiketten und Wettbewerbe auseinanderzuklamüsern würde ein eigenes Buch oder sogar zwei füllen. Genau wie das große Thema »Wein zum Essen« (*69). Aber der einzig wahre Weg ist, es durch eigenes Weintrinken auf die harte Tour zu lernen.

Lassen Sie sich Zeit und beachten Sie stets eine Regel auf dem Weg zur Weinkennerschaft: Trinken Sie immer zwei Weine parallel, um vergleichen zu können. Und versuchen Sie, sich klarzumachen, was Ihnen besser und was Ihnen weniger gut gefällt. Stets mit zwei Weinen im Anschlag steigt die Lernkurve steil an. Falls Sie ein Spielertyp sind und es ein wenig herausfordernder gestalten wollen, probieren Sie die Weine blind – gelingt Ihnen die Zuordnung (*50)? Angst vor Weinfehlern müssen Sie dabei weniger denn je haben. Früher konnte man schon mal fehlerhafte Tropfen erwischen, heute ist das sehr selten geworden. Es gab noch nie so viel guten Wein weltweit wie heute.

In Weinseminaren können Sie lernen, wie Wein vorschriftsmäßig verkostet wird. Da geht es darum, das Weinglas über ein weißes Blatt Papier zu halten, um die Farbverläufe im Wein erkennen zu können, oder wie man sich mit der Nase dem Wein nähert und in verschiedenen Abständen unterschiedliche Aromen ausmachen kann.

Wenn Sie sich in der Sommelier-Ausbildung befinden oder bei einer Blindprobe sind und den Wein erraten müssen, mag das sinnvoll sein; für den Weingenuss ist es nicht notwendig. Geben Sie das Geld lieber für eine gute Flasche Wein aus und machen Sie sich Notizen. Den Geruch und Geschmack in Worte zu fassen hilft, sich darauf zu konzentrieren. Ich mache im Kopf immer Notizen, wenn ich einen Wein trinke, das kann ich nicht mehr abstellen. Meine Déformation professionnelle. Eine andere ist, dass ich alles schwenke, was ich im Glas habe. Und sei es Wasser.

Sophie Passmann hat im Podcast »Terroir & Adiletten« sinngemäß gesagt: Erwachsene trieben vielleicht Sport, aber richtige Hobbys wie in der Kindheit und Jugend hätten sie keine mehr. Wein aber sei ein wunderbares Hobby für Erwachsene. Man könne darüber lesen, es trinken, es sammeln, zum Ursprung des Weins reisen, und das alles, wann immer man möchte. Recht hat sie.

So, genug geredet, ich hole jetzt endlich eine zweite Flasche. Dafür gehe ich in den Keller und spiele Weinroulette (*60).

Ihnen gebe ich einstweilen noch mit, was die häufigsten Fehler beim Weintrinken sind.

Die fünf häufigsten Fehler beim Weintrinken:

- Der Wein hat die völlig falsche Temperatur
- Der Wein ist in den falschen Gläsern
- Es sind die richtigen Gläser, aber sie riechen nach Schrank

- Im Glas ist ein Wein mit irgendeiner Auszeichnung, der einem aber nicht schmeckt
- Am Tisch sitzen die falschen Mittrinker:innen

Der letzte Punkt ist der wichtigste: Der beste Wein schmeckt mit schlechten Menschen nicht. Aber der schlechteste Wein wird im Kreise der besten Menschen zum Genuss. Nur übertreiben Sie es nicht. Sie lieben oxidierte Weine aus dem Jura? Suchen Sie sich Menschen, denen es genauso geht, bevor Sie die Flasche entkorken. Ich weiß, wovon ich rede. Allzu oft wollte ich Freunde zu meiner Meinung nach großartigen Weinen bekehren. Lassen Sie das mit dem Missionieren. Das hat schon beim Christentum zu allerlei Übel geführt. Wählen Sie einen Wein, der den meisten in der Runde mundet. Das ist der beste Wein für den Abend. Man will nicht immer einen komplexen Wein. Manchmal will man nur einen Wein, der nicht wehtut. Das erklärt den Siegeszug des Lugana.

Ich habe es mir anders überlegt: Ich hole einen Wein aus dem Keller, den ich mit auf eine einsame Insel nehmen würde. Niemand ist eine Insel, aber wenn ich diesen Wein trinke, dann fühle ich mich manchmal wie eine (*66).

Und denken Sie immer daran: Wein ist eine Lösung – chemisch gesehen.

1
Die Lebensabschnitte eines Weintrinkers

Das Leben eines Weintrinkers, dieses geselligen Tieres mit dem leicht schwankenden Gang, beginnt zumeist im Shop einer Tankstelle. In deren Regalen finden sich in den untersten Fächern Kartons, die etwas enthalten, das sich Wein nennt und diesem im weitesten Sinne ähneln. Sie sind alkoholhaltig, größtenteils aus Trauben hergestellt und schmecken süßlich. Es ist nicht wirklich ein Genuss, sie zu trinken, aber es ist günstig, dreht und gibt dem Trinker einen Anschein von Savoir-vivre.

Manche Jungtiere kommen nie über diese erste Entwicklungsstufe hinaus. Andere jedoch bemerken hinter den dumpfen Aromen, der marmeladigen Frucht, der klebrigen Süße einen winzigen Hauch Faszination, der sie dazu treibt, mit den ersten selbst verdienten Kröten ein Regalbrett höher zuzuschlagen, bei einem Wein, der einen klingenden Namen hat, etwas mit Château oder Grand, oder bei dem die Schrift auf dem Etikett golden ist. Vielleicht haben sie die Faszination auch nie gespürt, aber eines Abends erwarten sie Besuch romantischer Art, und eine Flasche Wein würde sich gut auf dem Tisch machen und sicher auch zu dem Gericht passen, das an diesem Abend erstmals zubereitet wird – und die Chance auf einen anschließenden Austausch von Zärtlichkeiten erhöhen.

Und dann ist der Inhalt des Weinglases plötzlich faszinierender als die Augen des Rendezvous. Und die Flasche zu schnell leer.

Jetzt fängt die Jägerphase an. Unterschiedliche Weine werden gekauft, ob an der Tanke, beim Discounter oder im Supermarkt; entschieden wird meist nach Etikett. Vielleicht auch nach irgendwelchen Aufklebern mit Medaillen oder Bewertungen. Erste Vorlieben werden aufgrund dieser unzureichend breit aufgestellten und zufälligen Auswahl entwickelt: Australien schmeckt besser als Italien, Italien schmeckt besser als Frankreich. Brunello ist sehr teuer. Irgendwann der zaghafte, ja scheue Weg in eine Weinhandlung, bei der einem die Augen vor lauter Flaschen zu teils exorbitanten Preisen übergehen, die dionysische Exzesse versprechen. Wenn ein Wein für zehn Euro gut schmeckt, dann wird einer für hundert Euro zehnmal so gut schmecken!

Zögerlich zieht er einen Wein in seiner Preisklasse aus dem Regal, oder doch nicht, nein, er greift zu einer, die ein paar Euro teurer ist, um nicht als armer Schlucker zu erscheinen, sondern als Kunde, bei dem es sich lohnt, Zeit aufzuwenden. Während der Beratung, bei welcher der junge Weintrinker oder die junge Weintrinkerin nicht als Novize erkannt werden möchte und mit Fachbegriffen um sich wirft, deren Bedeutung er eigentlich nicht kennt, lächelt der Weinhändler (meist ist es ein Er). All das kennt er schon und weiß, dass eine wunderschöne Zeit beginnt. Sie ähnelt dem von Meister zu Schüler, von Prieser zu Messdiener, von Trainer zu Jungprofi. In den nächsten Monaten bis Jahren wird der junge Weintrinker stetig Flasche um Flasche hier erwerben, sich auch beraten lassen, welcher Tropfen zu welchem Essen passt, und peu à peu immer mehr pro Flasche ausgeben, obwohl er längst erkannt hat, dass Preis und Qualität nicht immer in Relation stehen und vor allem nicht parallel ansteigen. Er wird Wein aus fernen Ländern genießen, die er nie bereist hat, aber deren Geheimnisse er nun auf der Zunge erschmecken kann.

Doch jeder wird irgendwann flügge und verlässt das Nest: Der Weintrinker will zum Ursprung des Glücks reisen, zur Quelle des Nektars, in eine Weinregion, zu einem Weingut. Er probiert eine Kollektion und absolviert damit seine erste horizontale Probe; vielleicht öffnet der Winzer oder die Winzerin auch ein paar gereifte Flaschen, zeigt ihm den Keller, die Weinberge. Womöglich nascht er eine Beere vom Stock, greift mit den Händen in die Erde, besieht sich die Steine, bewundert einen alten Rebstock.

Irgendwo liegt ein Weinmagazin oder ein Weinführer, den der Novize, welcher langsam keiner mehr ist, zur Hand nimmt, und er beschließt, ihn selbst zu erwerben.

Ab jetzt gibt es kein Halten mehr.

Alles wird probiert, jeder neue, angesagte Wein, im Internet fachsimpelt er mit anderen zu Jahrgängen und Weingütern, immer teurer werden die Flaschen, immer hitziger die Diskussionen in den sozialen Netzwerken, religiös werden bestimmte Weine und Winzer verteidigt, derweil füllt sich der Weinkeller an, längst kann nicht mehr alles getrunken werden, was gekauft wird, außerdem müssen einige Weine ja reifen. Es ist ein Rausch; jede Flasche, die in den Keller wandert, ein Geschenk, das man seinem zukünftigen Ich macht.

Aber jeder Rausch endet irgendwann. Und jeder Weinkeller ist eines Tages gefüllt. An dieser Stelle gabelt sich der Lebensweg des Weinenthusiasten.

Der Weingenießer tritt in einen Zustand der Ruhe und Gelassenheit über. Er trinkt seine stetig reifer werdenden Weine, während auch er stetig reifer wird. Neue Jahrgänge kauft er zumeist von Weingütern, denen er schon lange folgt. Er bevorzugt tiefe, lange Freundschaften gegenüber kurzen, aufregenden Flirts. Manchmal blitzt der alte Rausch noch auf, manchmal geht er auch noch zu Proben, aber seine Zeit auf der Pirsch ist vorbei.

Der Weinsnob indessen weiß nun um die renommierten Weine und Güter, weiß, was teuer und selten ist. Sein persönlicher Geschmack ist dabei weniger relevant; gut ist, was teuer ist – und das postet er gerne auf seinen Social-Media-Kontakten, um anderen eine lange Nase zu machen. Postet jemand anderer ein Weinflaschenfoto, weiß er stets, welcher Wein besser als dieser ist.

Der selten zu findende Weingelehrte schließlich studiert Weingeschichte, Weinetiketten, Lagenkarten, Korkenzieher und trinkt mit Vorliebe gereifte Weine aus klassischen Weinbaugebieten.

2 Wein ohne Umdrehungen

Alkoholfreier Wein klingt wie ein Widerspruch in sich, so wie trockener Regen, heißer Winter oder folgsame Katze, aber es gibt ihn, und er liegt im Trend. Vor wenigen Jahren noch fristete er ein Nischendasein, nicht belächelt, sondern verachtet von allen Weintrinkern – während das alkoholfreie Bier seinen Siegeszug antrat. Ja, viele sagten sogar, dass alkoholfreies Bier ihnen besser schmecke als das mit Umdrehungen. In der Weinwelt war man weit entfernt von solch geschmacklosen Aussagen. Zu Recht, denn die Produkte schmeckten wie Wein, dem man alles entzogen hat, was ihn faszinierend werden lässt – darunter leichtflüchtige Duft- und Aromastoffe –, und zum Ausgleich Süße addierte. »Eingeschlafene Füße«, »flüssige Pappe«, »kastrierter Traubensaft«: Der Geschmack kam nie gut weg. Ich habe immer mal wieder entalkoholisierte Weine verkostet, aber jedes Mal hätte ich klassischen Traubensaft vorgezogen. Meist wurde mieser Grundwein zusammengekauft, wichtig war dabei der niedrigste Tagespreis und nicht die Qualität. Der absolute Ausschuss wurde zu alkoholfreiem Wein.

Aber die Zeiten, sie ändern sich.

Neue Etiketten, hippe Namen, dynamische Werbungen. Und der Wellness- und Gesundheitsboom führte dazu, dass die Nische weniger nischig wurde. Außerdem setzten sich auch Spitzenwinzer, wie Leitz aus dem Rheingau, mit dem Thema auseinander.

Unter 0,5 Volumenprozent Alkohol durfte man früher als »alkoholfrei« bezeichnen, heute laufen diese Weine unter »entalkoholisiert«, Weine zwischen 0,5 Volumenprozent und 8,5 Volumenprozent, denen Alkohol entzogen wurde, heißen »teilweise entalkoholisiert« – Bier unter 0,5 Prozent darf erstaunlicherweise weiterhin unter »alkoholfrei« firmieren. Die Beimischung von Aromen oder der Einsatz von Wasser zur Entalkoholisierung ist mittlerweile verboten, weiterhin gibt es aber unterschiedlich schonende Methoden, dem Wein seinen Alkohol zu entziehen. Hergestellt wird immer zuerst ein Wein, dem dann per Vakuum-Destillationsverfahren der Alkohol entzogen wird. Früher lag die Destillationstemperatur bei rund 32 Grad Celsius, heute bei den Spitzengeräten nur noch bei circa 28 Grad Celsius. Es gilt: Je geringer die Temperatur, desto schonender.

Am besten schmecken die alkoholfreien Schaumweine, da das Prickeln Schwung verleiht. Aber insgesamt gilt, dass heutzutage das Verfahren schonender ist und die Grundweine besser sind. Zudem haben sich die Weingüter Gedanken darüber gemacht, bei welchen Rebsorten (oder Cuvées) der Entzug von Alkohol sinnvoll ist. Meiner Meinung nach sind es vor allem Bukettrebsorten wie Gewürztraminer, Muskateller oder Sauvignon blanc – sofern sie auch eine knackige Säure mitbringen, die den Wein belebt.

Trinken würde ich das immer noch nicht. Aber mir muss ja auch nicht alles schmecken.

3
Erotik für Weingenießer

Einst versuchte ich den Begriff »Weinporn« jemandem begreiflich zu machen, der weder mit Wein noch mit Porno viel am Hut hat. Trotzdem stellten sich ihm bei dem Begriff sofort farbenfrohe Assoziationen ein, die nackte Körper und viel roten Wein beinhalteten, wahlweise auch Plastikbettwäsche, Badewannen, Bottiche, durch und an Körperteilen zerquetschte Trauben sowie blutjunge Winzerinnen und Winzer.

So schön diese Vorstellungen für manchen sein mögen, mit Weinporn haben sie nichts zu tun. Um Weintrinker zu erregen, reicht viel weniger. Ihre Erregungsschwelle ist niedrig.

Es reichen leere Weinflaschen.

Sie haben richtig gelesen: Unter Weinporn versteht man Fotos von Flaschen, und die müssen nicht mal gefüllt sein.

Wer Pornos guckt, schaut anderen dabei zu, wie sie etwas tun, was er selbst auch gerne täte. Bei Weintrinkern ist das Weintrinken, aber nicht der Akt selbst wird angeschaut, sondern nur das Objekt der Begierde. Geöffnet. Oder eben schon leer, nach vollzogenem Akt sozusagen.

Es müssen natürlich begehrte Flaschen sein. Seltene. Teure. Ob perfekt gelagert oder vom Zahn der Zeit angenagt, variiert je nach Vorliebe.

Weinporn ist meist eine rein visuelle Angelegenheit. Erschöpft vom Liebesakt, schaffen es die Pornoproduzenten aus dem Amateurbereich nicht mehr, einige beschreibende Sätze hinzuzufügen. Oder wollen sie der Fantasie der Pornokonsumenten hinsichtlich der Genüsse keine Grenzen setzen?

Die Flaschen werden nicht besonders ausgeleuchtet. Kein Rotlicht kommt zum Einsatz, kein Weichzeichner. Es sind harte, kunstlose Fotos, denen es einzig und allein um ungeschminkte Erregung geht.

Diese stellt sich auch ein, wie »Daumen hoch« oder Smileys zeigen, weil die Verfasser in Anbetracht der Flasche zu wenig mehr fähig sind. Exemplarische Kommentare verdeutlichen die Erregung:

WineJunkiePunkie:

Neid, Alter!

RebKlaus:

Wo bekommt man den Wein noch? Kennt einer einen Händler? Ich find keinen. Hilfe!

HansGüntherWeiß:

Den will ich seit Jahren gern mal im Glas haben!

Bacchus:

Muss ein geiler Abend gewesen sein!

Aber die Erregung zeigt sich auch darin, dem Pornoproduzenten vorzuwerfen, er habe das falsche Model gewählt und sein Porno sei ein minderwertiger Porno. Hier typische Reaktionen der Konsumenten, wie sie sich auf Facebook und ähnlichen sozialen Netzwerken finden:

WineBuddy78:

Der 2008er von dem Wein hat deutlich mehr Tiefe.

RcblausKoblenz:

Das ist doch Kindermord, der Wein ist viel zu jung. Selbst wenn du den dekantiert hast, ist es echt eine Schande.

ElTannino:

Das Weingut war vielleicht in den 80ern mal Kult, aber heute ist das doch alles nur noch Mainstream.

Winepredator:

Ordentlicher Wein, aber das Gut nebenan hat mindestens dieselbe Qualität, kostet aber nur die Hälfte. Solltest du unbedingt mal probieren!

DerGrafvonMontevino:

Ist die Flasche überhaupt echt? In den 90ern waren die Kapseln doch grün gestreift, oder?

All das ist natürlich wohlverdienter Neid der Pornokonsumenten. Früher zeigte man seine teure Armbanduhr, seinen Sportwagen, heute seine Weine. The Wines they are a-changin'.

4
Ich kaufe was, das du nicht siehst

Es gehört zu den besonderen Leistungen der Marktwirtschaft, Waren zu verkaufen, die noch nicht existieren. In der Weinwelt hat man es tatsächlich geschafft, Waren regelmäßig Jahre vor ihrer Existenz zu verkaufen. Wohlgemerkt Waren, deren Qualität nicht feststeht. Und Waren, bei denen nicht feststeht, was sie im Moment ihres Erscheinens wert sein werden.

Ort dieses genialen Drehs ist die französische Weinregion Bordeaux – wobei sich verständlicherweise auch andere Regionen und Weingüter mittlerweile ein Vorbild daran genommen haben.

»En-Primeur-Kampagne« oder Subskription heißt dieses delikate Spiel, bei dem Weine verkostet werden, die erst ein halbes Jahr im Fass lagen, also unfertig sind. Und nicht nur das: Ob die Cuvée des fertigen Weins überhaupt der Cuvée gleicht, die man verkostet, ist nicht garantiert.

Es gibt dieses Spiel schon seit gut 200 Jahren, ursprünglich war es eines, an dem nur Weinhändler teilnehmen durften – denn diese füllten den Wein aus Fässern in Flaschen, zum Teil in anderen Ländern wie Großbritannien oder den Niederlanden. Erst seit 1972 ist die Flaschenabfüllung im Weingut in der Bordeaux-Region vorgeschrieben. In den 1980ern kam dann die Ölkrise, und der Absatz stagnierte, einige Händler gingen gar bankrott, plötzlich durfte auch der Pöbel, sprich Privatkunden, am En-Primeur-System teilhaben.

Die Privatkunden können die Weine normalerweise aber während der En-Primeur-Kampagne gar nicht probieren, denn zu den heiß begehrten Proben im Bordelais sind in der Regel nur Journalisten und Händler geladen. Deren Weinbewertungen und -beschreibungen müssen dann studiert und als Grundlage für die eigene Kaufentscheidung genommen werden. Es kann aber passieren, dass die Weine, wenn sie dann auf der Flasche sind und neu bewertet werden, deutlich höhere oder niedrigere Bewertungen erhalten.

Warum sollte man da mitmachen? Weil man zum einen nur so überhaupt an einige der besonders heiß begehrten Weine rankommt, zum anderen, weil der Preis während der En-Primeur-Kampagne in der Regel unter demjenigen liegt, der bei Erscheinen im Handel verlangt wird (wenn überhaupt noch Flaschen frei verkauft werden).

Aber eben nicht immer.

Die Preise für Bordeaux-Weine schwanken stark. Aufgrund der Qualität der Weine, aber auch aufgrund der weltweiten Nachfrage.

Wer gerne pokert, hat hier also seine Weinheimat gefunden.

»Arrivage« heißt es, wenn der Wein endlich ausgeliefert wird. Mancher Weingenießer öffnet dann nach Ankunft – beziehungsweise sobald sich die Flasche von den Strapazen des Versands erholt hat – eine der Arrivageflaschen, um endlich zu schmecken, was er da gekauft hat. Das gilt in Weinkreisen als »Kindermord«, da der Wein eigentlich noch nicht gereift genug für den wahren Genuss ist – aber als verständlicher Kindermord. Wunderbare, wunderliche Welt der Subskription.

5
Ein Wein für Handwerker?

Zu den legendärsten und mysteriösesten Tropfen der Weinwelt zählen nicht nur Gewächse mancher Burgund- oder Bordeaux-Güter, sondern auch der Reparaturwein.

Novizen mögen vermuten, dass dieser handwerklichen Nutzen hat. Abfluss verstopft? Reparaturwein! Holz muss abgebeizt werden? Reparaturwein! Der Automotor will nicht anspringen? Reparaturwein in den Tank!

Aber nein, nichts davon trifft zu. Die nächste Vermutung wäre, dass dieser Wein während der Reparatur vom Reparateur getrunken werden sollte, damit die Arbeit schneller und kompetenter vonstattengeht. Leider gibt es keinen Wein, der das bewirkt. Dafür viele Weine, die mit Sicherheit für das Gegenteil sorgen und üble Verletzungen nach sich ziehen, wenn man nach ausgiebigem Genuss derselben versucht, einen Nagel in die Wand zu schlagen, oder die Kettensäge anwirft.

Auch vermuten ließe sich, dass der Reparaturwein eine rituelle Gabe für den Reparateur, sprich den Handwerker, nach getaner Arbeit wäre. Ein Wein, der passenderweise nach Schmieröl und Acryl schmeckt, nach Lack und Korrosionsschutz.

Manch Handwerker mag sich über ein flüssiges Dankeschön freuen, aber die meisten wohl eher über ein Trinkgeld.

Etwas anderes steckt dahinter: Nach einer langen Weinprobe (oder einem langen Essen mit Weinen) benötigen Genießer einen Reparaturwein. Einen, der die geschundenen Geschmacksknospen, den gebeutelten Geruchssinn wieder nach vorn bringen soll. Er dient dazu, den Verkoster wiederzubeleben und so weit zu reparieren, dass er weitere Weine zu sich nehmen kann. Quasi Medizin.

Die Anforderungen an einen solchen Wein sind: viel Säure, wenig Alkohol. Das kann ein leichter, rassiger Riesling sein oder ein Schaumwein. Manche meinen sogar, ein Reparaturwein müsse *zwingend* ein Schaumwein sein. Was natürlich auch eine Frage des Budgets ist. Aber ja: Schaumwein bringt einen immer nach vorne, und nichts klärt den Gaumen so. Er prickelt alle Müdigkeit weg.

Kommen wir nun zu einem dunklen Kapitel: dem Reparaturbier. Es gibt tatsächlich Weingenießer, die sich nach ausgiebigem Weinkonsum nur nach einem sehnen: einem Bier, am besten eiskalt und frisch gezapft.

Der Gaumen allerdings ist nach viel Wein nicht eingestellt auf ein artfremdes Getränk und reagiert mit gustatorischem Unverständnis, weigert sich manchmal sogar, überhaupt etwas zu schmecken.

Also tun Sie Ihrem Körper etwas Gutes, und bleiben Sie auch bei der Reparatur beim Wein. Konzentration auf das Wesentliche ist auch bei der Wiederbelebung der Leitspruch.

6
Der neue Langenscheidt: Deutsch-Wein/Wein-Deutsch

Jedes Jahr wird vom Langenscheidt-Verlag das Jugendwort des Jahres gekürt. 2023 standen unter anderem »Rizz«, »Slay« und »goofy« auf der Liste. Als meine Kinder noch im Teenageralter waren, tauchte nur ein Bruchteil der gewählten Wörter bei uns im Haushalt auf, und bei den meisten erschloss sich uns der Sinn auch nach Ansicht von allen Seiten nicht.

Aber die Wahl lässt uns alljährlich über die Veränderung unserer Sprache nachdenken.

Deshalb wäre es angemessen, ab jetzt auch ein Weinwort des Jahres zu küren.

Denn auch die Weinwelt hat ein Faible dafür, neue Wörter in ihr Konversationslexikon aufzunehmen. Der wohl größte Hit der vergangenen Jahrzehnte war »mineralisch«. Bis heute wird Ihnen aber niemand sagen können, wie genau mineralisch schmeckt. Was nicht heißen soll, dass der steinige Anteil der Weinbergsböden den Wein nicht prägt. Ganz im Gegenteil. Weine von Kalkböden zum Beispiel, die als ideal für alle Trauben der Burgunder-Familie gelten, sorgen für eine verspielte Säurestruktur. Die Reife soll gegenüber Rebstöcken, die auf Ton- oder Sandsteinböden stehen, verzögert sein – was für komplexere Weine sorgt. Ein anderes Beispiel ist Schiefer, der seine Weine geradliniger erscheinen lässt, präziser. Aber ein mineralischer Geschmack? Trotzdem findet sich der Begriff in vielen Weinbeschreibungen – auch von mir. Schuldig, euer Ehren. In vielen, vielen Anklagepunkten.

Abgelöst wurde der Begriff von »salzig«. Mit einem Mal schmeckten alle Weine salzig. Es fiel in die Phase, in der »süß« langsam zur Beleidigung für einen Wein wurde, weil fruchtsüße Weine aus der Mode kommen, wobei einige der größten Rieslinge etwas mehr Restzucker aufweisen. Aber »salzig«, das war die Steigerung von »mineralisch«, das klang nach Kargheit, nach Schroffheit, nach einem Wein, der nichts für Warmduscher und Schattenparker ist. Es gibt tatsächlich Weine, die salzig enden, mir fallen die Fino Sherrys aus Manzanilla ein, die nah am Meer gelagert werden. Aber die meisten Weine tun es nicht. Es sei denn, jemand wirft Fleur de Sel hinein.

Auch einen Wiedergänger des verpönten »lecker« gibt es mittlerweile. Sein Name: »trinkig«. Oder: »enormer Trinkfluss«. Oder: »wenig Schluckwiderstand«. Im Gegensatz zu »lecker« kann man diese aber in jeder Weinrunde fallen lassen, ohne ausgebuht zu werden.

Wein und Motorsport haben auf den ersten Blick wenig gemeinsam. Der Gegensatz Technik und Natur, Umweltverpestung gegen Arbeiten im Einklang mit der Natur, Motorenlärm gegen Vogelgezwitscher. Zeit zur Reife gegen Hundertstelsekunden, um aufs Treppchen zu fahren.

All das mag grundsätzlich – aber sicher nicht im Detail – stimmen. Trotzdem sind sich die beiden Welten ausgesprochen nah. Und zwar sprachlich.

Jede Zeit, jedes Land, jede Subkultur hat ihre Weinsprache. Wir sind aktuell im Motorsportzeitalter.

Eigentlich zu spät, bedenkt man, dass die großen Erfolge eines Michael Schumacher weit zurückliegen. Aber vielleicht kommen die Fans von damals nun in das Weintrinkeralter? Oder ist es ein rein deutsches Phänomen, mit dem zum Ausdruck kommen soll, dass Weintrinker vehement gegen ein Geschwindigkeitslimit sind? Weinsprache als Protest?

Womöglich hat ja auch die Technikbegeisterung unserer Zeit dazu geführt, dass Begriffe aus der Welt der Technik en vogue sind und Motorsport einfach als die coolste, emotionalste Art der Technik gilt?

Schauen wir uns die Begriffe an: Ein Wein hat Power, hat Kraft. Ein anderer ist enorm präzise. Manch einer hat Druck (was klingt, als müsste er einen Urologen aufsuchen). Oder Aromendruck. Auch Spannung kann er haben.

Am auffälligsten ist es aber beim Begriff Grip. Laut Duden bedeutet Grip »Griffigkeit, Bodenhaftung von Fahrzeugreifen«.

Ein Wein mit Grip hat Druck und Spannung. Mehr noch aber hat er eine Textur, die sich leicht rau anfühlt, wegen seiner Phenolik, also seiner Gerbstoffe. Aber die allein ergeben keinen Grip. Es gibt Weine mit trägen Gerbstoffen, die einen Wein breit und schwerfällig machen. Ein Wein mit Grip fühlt sich an, als könnte er mit qualmenden Reifen einen fulminanten Start im Mund hinlegen. Und auch wenn es gerade nicht so klingt: Genau das wollen Sie.

Welche Begriffe bürgern sich wohl als nächste ein? Anpressdruck? Einführungsrunde? Ideallinie?

Wenn Sie progressiv sein wollen, bringen Sie ein paar davon in den Weindiskurs ein. Schneller als andere zu sein ist nicht nur beim Motorsport von Vorteil.

Technisch klingt auch ein weiteres Modewort, das eine Richtungsangabe in die Weinsprache Eingang finden ließ: vertikal. Früher hätte man gesagt, dass der Wein Tiefe hat oder Länge. Der Säurenerv – auch so ein Wort – könnte zum Beispiel lang sein.

Im Idealfall ist ein Wein also mineralisch, salzig, vertikal und hat Grip. Und im nächsten Jahr wählen wir dann »Slay« zum Weinwort des Jahres. Der Wein hat »Slay« klingt auf jeden Fall enorm schwungvoll – und so, als hätte ich gerne ein großes Glas davon.

7
»Das Wichtigste ist im Weinberg«

Mancher Weinliebhaber und manche Weinliebhaberin haben Freude an der Botanik. Ihr reichen die Grünpflanzen ihrer Altbauwohnung in der Münchner Innenstadt nicht, auch nicht die Gewächse im Englischen Garten, sie will Genaues über die Pflanzen wissen, die ihr die größten Glücksgefühle schenken: Rebstöcke. Speziell der Variante *Vitis vinifera,* die für Weintrauben verantwortlich ist. Manch einer – wie ich – wird sich sogar ein paar Rebstöcke in den Garten stellen und später einen kleinen Weinberg erwerben oder pachten.

Ein Rebstock ist ein Ranken tragender Spross, der sich, völlig unbeeinflusst von menschlicher Intervention, zu einer Art Liane entwickeln würde, die bis zu zwanzig Meter Höhe erreichen kann.

Das kann man im Garten natürlich nicht gebrauchen.

Als Winzer will man nicht, dass die Pflanze zur Liane wird, man will, dass sie Trauben bildet. Dafür muss man sie unter Stress setzen, unter Gefahr, lebensbedrohliche Gefahr, damit sie, quasi als Mechanismus zur Weitergabe der eigenen Gene, Trauben mit Kernen bildet, aus denen neue Rebstöcke entstehen können. Unter anderem beschneidet man die Pflanze im Winter (Rebschnitt) und im Sommer (Laubschnitt). Gipfeln ist ein Teil von letzterer Arbeit, durch welche die Rebe sich auf die Trauben konzentriert.

Die schizophrene Arbeit des Winzers besteht aber auch darin, den Rebstock zu umhegen. Dabei sind zwei Aspekte des Standorts essenziell: zum einen die Wasserspeicherfähigkeit des Bodens, zum anderen die Niederschlagsverteilung. Die Klimakatastrophe sorgt in unseren Breitengraden für immer mehr trockene Sommer – und damit sogenannten Trockenstress. Besonders wichtig ist auch Humus, also die organische Substanz in der obersten Bodenschicht. Jahrzehntelang dachte man, die mineralische Zusammensetzung des Bodens sei allein entscheidend. Auch sie hat Einfluss, keine Frage, aber ein ordentlicher Humusgehalt im Boden oder auch eine gute Abdeckung mit organischer Substanz (Stroh, Kompost, Grünhäcksel) scheinen noch wichtiger zu sein.

Aufgrund der Klimakatastrophe wird auch das Thema der Beschattung immer wichtiger. Trauben können genau wie Menschen Sonnenbrand bekommen. Entweder sorgt man als Winzer dafür, dass sie sich peu à peu an die Sonnenstrahlung gewöhnen, oder man reduziert die üblichen Entblätterungsmaßnahmen, trägt also dafür Sorge, dass Blätter die Trauben beschatten. Ein anderes Phänomen, das Winzer zunehmend beschäftigt: Wenn es der Rebe zu heiß ist und sie auch nicht genügend Wasser bekommt, drosselt sie ihren Produktionsprozess und konzentriert sich aufs Überleben. Die Trauben werden dann nicht süßer, die Energie wird in die Kerne verlagert. Denn hierdurch bleibt in der für die Pflanze lebensbedrohlichen Situation der Bestand der Art gesichert.

Sorge muss auch dafür getragen werden, dass der Wind durch den Rebstock fahren kann, damit die Trauben nach einem Regen schnell abtrocknen, denn sonst können Pilzkrankheiten (Mehltau) oder auch Botrytis (Schimmel) und Rebkrankheiten zuschlagen. Mittlerweile kommt sogar die Pergola-Erziehungsmethode wieder in Mode, weil bei ihr die Trauben komplett im Schatten bleiben.

Auch beim Weinbau stellt sich die Frage, Qualität oder Quantität? Weingüter werben deswegen gerne damit, wie wenig Hektoliter sie auf dem Hektar ernten. Allerdings hängt vieles auch vom Wetter ab, und nicht immer ist weniger Ernte gleich besser. Es gibt auch ein Zuwenig, bei dem die Trauben und dadurch später der Wein keine Balance aufweisen.

Das Jahr im Weinberg sieht in der Regel folgende Arbeiten vor: Rebschnitt, Ausbrechen überschüssiger Triebe, zweimaliges Heften (das Fixieren der rankenden Triebe, zum Beispiel an Drähten), Entblättern der Traubenzone, Laubschneiden, Gipfeln, Vorlese, Lese. Und natürlich: Rebschutz – also Spritzen. Und: Begrünungspflege sowie Bodenbearbeitung – also das Unkraut mechanisch in seine Schranken weisen oder den Boden auflockern. Manche dieser Arbeiten müssen auf den Tag genau durchgeführt werden. Bei einigen Weinbergsböden ist diese zeitliche Präzision noch wichtiger. »Minutenweinberge« nennt mancher sie.

In der Regel bringen ältere Rebstöcke komplexere Weine hervor (wobei die Wissenschaft diesen Eindruck nicht stützt), weswegen Weingüter mit dem Zusatz »Vielles Vignes« (für »Alte Rebstöcke«) als Qualitätsmerkmal werben. Wie alt die Rebstöcke sein müssen, ist allerdings nicht definiert. Für manchen reichen schon 25 Jahre, bei anderen gelten erst vierzig, fünfzig, achtzig als richtig alt. Alte Rebstöcke tragen weniger Trauben als junge, haben aber den Vorteil, tiefer zu wurzeln und dadurch besser mit Wasser versorgt zu sein.

Richtig alte Rebstöcke sind allerdings sehr selten. In Deutschland ist weniger als ein Prozent der Rebfläche älter als 75 Jahre (Stand 2022). Eine Besonderheit sind wurzelechte Rebstöcke. Der Hintergrund ihrer Besonderheit ist die Reblaus, die, aus Amerika eingeschleppt, den europäischen Rebstöcken den Garaus macht. Aber sie greift bei diesen nur die Wurzeln an. Die Lösung: Man nehme die Wurzeln amerikanischer Rebstöcke und pfropfe auf diese europäische Rebstöcke drauf. Also im Erdreich amerikanisch, oberhalb des Erdreichs europäisch. In manche Ecken hat es die Reblaus aber nicht geschafft, und hier finden sich auch heute noch ungepfropfte, wurzelechte Rebstöcke, von denen ihre Besitzer sagen, dass sie bessere Trauben produzieren. Rund 600 Hektar gibt es in Deutschland, die meisten an der Mosel. Neu angepflanzt werden dürfen sie nicht, da wird sich Rebmaterials von Rebschulen bedient, denn vom Winzer selbst vermehrte Rebstöcke wären ja wurzelecht und damit der Reblaus ausgeliefert.

Was es auch gibt, sind Mischungen. Will ein Winzer zum Beispiel einen Weinberg mit Chardonnayreben bestocken, wählt er nicht einen einzigen Klon (damit wäre in einem Wingert, also einem Weingarten, genetisch alles zu hundert Prozent gleich), sondern eine Mischung verschiedener Klone, die ihre Klasse bewiesen haben. Eine sogenannte Feldselektion oder »Sélection massale«, der man nachsagt, für komplexere Weine zu sorgen.

Eine weitere Sache, der Sie heutzutage in vinophilen Diskussionen häufiger begegnen werden, ist die Dichtpflanzung. Auch hier ist das Ziel: komplexere Weine. Üblich ist eine Pflanzdichte von bis zu 5000 Rebstöcken auf den Hektar, alles darüber gilt mehr oder weniger als Dichtpflanzung. Der Abstand zwischen den Rebzeilen bleibt dabei gegenüber normalen Weinbergen meist relativ konstant, denn man muss ja weiter mit Mensch und Maschinen hindurchkönnen, dafür stehen die Reben näher nebeneinander. Die Konkurrenz ist größer, die Rebstöcke müssen schneller und tiefer wurzeln, wodurch sie Dürren besser ertragen können; sie tragen weniger Trauben pro Rebstock, es geht um Qualität statt Quantität, aber auch darum, die einzelne Rebe zu entlasten. Aber nicht jede Rebe schätzt diese Technik, und nicht zu jedem Boden passt sie.

Aubert de Villaine, der viele Jahre die legendäre Domaine de la Romanée-Conti im Burgund leitete, sagte einst: »Die Rebstöcke vergessen nichts. Sie vergessen nicht, was wir mit ihnen getan haben, und sie vergessen nicht, was die Natur mit ihnen getan hat. Die guten und die schlechten Dinge werden niemals vergessen.«

An dieser Stelle muss aber Schluss sein, schließlich ist dies nicht die »Gebrauchsanweisung für Weinbau«. Ein letzter Gedanke noch: Obwohl die Arbeit im Weinberg von allen Experten als die wichtigste angesehen wird, redet man viel mehr über die im Keller.

8
Alles so schön ...
rosé hier

Kaum eine Weinkarte, selbst die in der Pizzeria um die Ecke, die nicht einen Rosé aufweist. Rosé gehört zur aktuellen Dreifaltigkeit des Weingenusses: Rosé, Grauburgunder, Primitivo.

Vor Jahren war Rosé, vor allem der aus Deutschland, nahezu unverkäuflich. Es sei denn, es stand »Weißherbst« auf dem Etikett, eine ausgesprochen poetische, aber heute nahezu ausgestorbene Bezeichnung, für die der Rosé nur aus Trauben einer Rebsorte hergestellt sein und nur von einer einzigen Lage stammen darf. Aber selbst die Weißherbste hatten nur einen kleinen Markt.

Roséfarbene Weine galten als nichts Halbes und nichts Ganzes. Sie galten als Weine für Menschen, die keinen Wein trinken, als Wein, den Teenagerinnen kichernd mit einer Erdbeere darin trinken, also eigentlich galten sie als Wein, der gar kein richtiger Wein war.

Dementsprechend schmeckten sie auch.

Deutsche Winzer erzeugten nur dann einen Rosé, wenn die Trauben zu schimmelig oder faul für einen Rotwein waren. Denn mit faulen Trauben erhält man einen Rotwein, der kein schönes Rot aufweist.

Ein Rosé ist aber problemlos möglich. Warum? In Deutschland darf Rosé nur erzeugt werden, indem man die Rotweinmaische so früh abpresst, dass nur ein Teil der Farbpigmente aus den Beerenhäuten in den Most übergegangen ist. In anderen Ländern wird einfach Rotwein zu Weißwein gekippt. So viel zum Thema Chancengleichheit.

Beim Rosé hat der Most nur kurz Kontakt mit dem Pilzbefall auf den Beerenhäuten, daher sind faule Trauben dafür weniger problematisch. Aber dennoch problematisch, weswegen viele Rosés grauenhaft schmeckten.

Aus dem Ausland dagegen gab es wunderbare Rosés, zum Beispiel aus dem Weinbaugebiet Tavel an der südlichen Rhone (Frankreich). Aber in Deutschland konnte man die guten rosafarbenen Weine lange an einer Hand abzählen.

»Man kann auch aus guten Trauben einen Rosé herstellen«, sagte einst der Ahr-Winzer Wolfgang Hehle zu mir. Mit seinem »Saumon de'l Ahr« war er ein Vorreiter.

Und heute? Alles, auf dem »Rosé« steht, verkauft sich. Dabei ist mancher Rosé gar nicht rosa. Manches ist eine fast bräunliche Suppe. Das scheint nicht zu stören. Auch heute wird aus schlechten Trauben Rosé gemacht, aber da man das Zeug sowieso auf Eis trinkt, bekommen die Geschmacksnerven davon nichts mit.

Warum ist Rosé – übrigens auch im Schaumweinbereich – so populär? Vielleicht weil er suggeriert, dass man ihn nicht so ernst nehmen muss, sondern einfach Spaß damit haben kann. Vielleicht gerade, weil er als der Wein gilt, den Weinfreaks *nicht* trinken. Weil er Hedonismus verspricht, eine Leichtigkeit, die wir derzeit so missen müssen. Rosé ist das Heilmittel, wenn auch nur kurzfristig, gegen Kulturpessimismus.

Die Zahl an hochklassigen Rosés ist überschaubar, aber nie gab es so viele davon wie heute. Wenn Sie also Rosés lieben, ist dies Ihre Zeit.

9
Die Paraphernalien des Weinglaubens

Gläser waren meine erste richtige Investition in Sachen Wein. Außer Wein natürlich. Bei manchen Weingütern gab es, als ich ein junger Erwachsener war, also in den Neunzigern, noch Probiergläser, die gläsernen Fingerhüten glichen und mit Weintrauben oder Weinsprüchen bedruckt waren. Oder die klassischen Römergläser mit ihrem breiten grünen Stiel. Untauglich, um einen guten Wein zu trinken. In Venedig gibt es auch das »Ombra«, ein Glas Wein, ein Gläschen, genauer gesagt, das gerade einmal hundert Milliliter fasst. Bei meinen Großeltern in der Vitrine standen dicke Bleikristallgläser, manche farbig – die es dementsprechend unmöglich machten, die Farbe des Weins zu erkennen.

Dann eine Probe beim Weingut Deutzerhof, und vor mir standen Gläser, die diesen Namen verdienten. Groß der Kelch, dünn das Glas. Im Sonnenlicht, das durch den Wintergarten fiel, funkelten sie, und der Wein darin wirkte gleich edler. Aber er wurde auch anders auf den Gaumen geleitet, entfaltete sich, wirkte in der Säure harmonisch. Dass die Form eines Glases den Geschmack eines Weines verändert, ist keine Legende, es ist die Wahrheit. Und eine Wahrheit, die Sie Geld kosten wird.

Denn: Billige Gläser, zu dicke Gläser, Kelchformen, die nur der Optik, aber nicht dem Geschmack oder der Duftentfaltung des Weines dienen: weg damit. Wer wirklich Wein genießen will, braucht gute Gläser. Von denen profitieren günstige wie teure Weine. Es gibt allerdings auch Gläser, die wie eine Lupe funktionieren, sie vergrößern die Stärken und die Schwächen eines Weines. Ohne ein gutes Glas kann sich ein Wein nicht entfalten.

Eine Vorwarnung: Wenn Sie einmal ein hauchdünnes mundgeblasenes Glas, wie von Josephinenhütte oder der Exklusivlinie von Zalto, Denk'Art, benutzt haben, fasziniert davon, wie leicht und filigran es ist, wie angenehm es sich an die Lippen legt, wird der Weg zurück zu normalen, maschinell erzeugten Weingläsern ein steiniger sein. Denn wenn Ihnen ein Wein am Herzen liegt, wollen Sie es ihm so angenehm wie möglich machen.

In den Geschirrspüler können die teuren Stücke übrigens auch.

Aber niemals beim Abtrocknen am Stil halten. Dann macht es schnell »knack«. Immer vorsichtig am Kelch, wenn man die letzten Tropfen abwischt.

Jetzt aber zu der Frage, wie viele Gläser man benötigt, denn es gibt etliche Spezialgläser, zum Beispiel für Bordeaux, Pinot Noir, leichte Weißweine, schwere Weißweine, süße Weißweine, Shiraz, Sangiovese und natürlich für Schaumwein (dort aber auch für junge wie gereifte). Und ja, in den meisten Fällen schmeckt der entsprechende Wein daraus einen Tacken besser als aus einem Allroundglas. Aber auch nur, wenn es ein sehr gutes Glas ist. Ein richtig guter Allrounder schlägt die meisten Spezialgläser. Und außerdem: Wer hat Platz für etliche Gläsersets – und Lust, das Geld dafür auszugeben? Mein Rat: ein Allroundglas für Weißwein, eines für Rotwein, ein Schaumweinglas und – falls Sie einen klaren Lieblingswein haben – ein Glas speziell dafür. Sie lieben frische Weißweine? Ein Glas mit einem schmalen Kamin ist ideal. Ein reifer, hochkarätiger Chardonnay? Sie brauchen ein breites, großes Glas, beim Schwenken haben Sie dann eine viel größere Oxidationsfläche, und der Sauerstoff sorgt für Entwicklung. In einem schmalen Glas würde solch ein Wein kantig wirken.

Die kleinste Lösung ist ein sehr gutes Allroundglas, aus dem alles geht, auch Schaumwein. Wie das von Gabriel oder Zalto Denk'Art.

Gefüllt werden Gläser übrigens immer nur bis zur Verjüngung, also bis zu der Stelle, an der das Glas wieder schmaler wird und der Wein deshalb die größtmögliche Oberfläche hat.

10
Spekulationsblasen finden sich beim Wein nur im Champagner …

Wein ist weder Geldanlage noch Spekulationsobjekt. Wenn Sie in einen Wine Fond (hier bewusst die englische Schreibweise, denn der »Deutsche Weinfond« ist etwas völlig anderes) investieren, der Spitzenweine auf- und später gewinnbringend wiederverkauft, geht es Ihnen nicht um Wein. Es geht Ihnen um Geld, denn der Fond könnte genauso gut mit Uran oder Tannenzapfen spekulieren.

Natürlich können Sie selbst auch Wein kaufen und darauf hoffen, dass der Wein im Preis steigt. Dazu benötigen Sie zweierlei: einen perfekten, klimatisierten Keller und viel Geld. Denn aller Erfahrung nach steigen nur richtig teure Weine, Big Names, weiter im Wert, und in der Regel sollten Sie keine Einzelflaschen davon besitzen, sondern komplette, verschlossene Kisten, also sechs oder zwölf Flaschen, die Etiketten in perfektem Zustand, die einwandfreie Herkunft bewiesen (Kaufbeleg aufbewahren!).

Nur selten kommt es vor, dass ein bis dato wenig bekanntes Weingut innerhalb kürzester Zeit durch die Decke geht. Oder eine Region, wie zum Beispiel das französische Jura. Jahrzehntelang nicht mehr als eine skurrile Randnotiz, weil die oxidativ ausgebauten Weine ein sehr eigenes Geschmacksspektrum aufweisen, dann von der Weinwelt wiederentdeckt, und ab gingen die Preise für die wenigen Spitzenbetriebe. Auch in Deutschland kann es ganz selten vorkommen, dass ein Betrieb durchstartet, so passiert bei Julian Haart von der Mosel, von dessen Spitzenweinen heute kaum noch etwas zu erwerben ist. Aber kaufen Sie nie einen Wein aus Spekulationsgründen, kaufen Sie ihn, weil Sie es lieben, ihn zu trinken. Dann kann es Ihnen völlig egal sein, ob der Preis steigt oder sinkt, Sie haben einen Wein im Keller, den Sie gerne entkorken.

Und die Rendite ist immer mindestens 12,5 Prozent.

Wie oben geschrieben gibt es eine Chance auf Wertsteigerung fast ausschließlich bei Weinen, die bereits einen hohen Wert haben und weltweit begehrt sind. Also Spitzen-Bordeaux, Burgunder, Spitzen-Champagner und ein paar weitere Kultweine, vor allem aus Frankreich, Italien, Spanien und den USA. Die Preisentwicklung ist dabei eng mit der Weltwirtschaftslage verbunden, aber auch mit der Sättigung von Märkten und mit Trends. Es ist also keineswegs gesagt, dass die Weine preislich immer weiter steigen. Allerdings existieren auf diesem Planeten immer mehr extrem reiche Menschen, und die balgen sich dann um die wenigen Buddeln Spitzenwein.

In Deutschland gibt es auch Weinversteigerungen der VDP-Güter wie auch der Güter des Bernkasteler Rings, bei denen man in der Regel zu viel für eine Flasche bezahlt – auch weil die Weingüter über Mittelsmänner die Preise hochjazzen, um später eine gute Story für die Medien zu haben und vor den Kollegen nicht wie Looser dazustehen. Obwohl die Weine fraglos großartig sind, handelt es sich bei diesen Events doch mehr um PR-Veranstaltungen für den deutschen Wein. Was aber lohnt, sind die Weinproben zu den Versteigerungen, bei denen man all die seltenen Tropfen für einen geringen Obolus verkosten kann.

Auktionshäuser versteigern auch regelmäßig Weinflaschen. Hier gelten dieselben Fragen wie beim Altweinkauf: Wie wurde der Wein gelagert, wie ist der Füllstand, wie die Farbe, ist der Verkäufer seriös? Auch wenn Sie später weiterverkaufen wollen, sind diese Kriterien relevant, daher ist eine perfekte Lagerung Pflicht.

Diesen Aufwand muss man wollen.

Ich gehöre der Fraktion an, die in der Zeit lieber Wein trinkt.

Was die Weine in Ihrem Keller betrifft, gilt die Regel: ein Drittel Weine kaufen, die man im gleichen Jahr trinkt, ein Drittel Weine, die man in den nächsten fünf Jahren trinken wird, und ein Drittel für längere Reifung. Damit kann man ein wenig dafür sorgen, dass der Keller nicht zu voll wird. Was er meistens trotzdem wird, weil es so viele spannende und köstliche Weine gibt. Egal, wie groß Ihr Keller ist, er ist zu klein.

Wenn Sie das Alter erreichen, in dem Sie begreifen, dass Sie all die wunderbaren Weine in Ihrem Keller nicht mehr werden trinken können und Ihre Nachkommenschaft, die sich an Alcopops labt und isotonische Wellnessgetränke mit Genuss verwechselt, sie niemals wertschätzen wird, dann verkaufen Sie die Flaschen über eine Internet-Plattform. Es wäre nämlich schade um die Weine, wenn sie einfach still in ihrem Keller vergehen. Wein ist dazu da, um getrunken zu werden. Falls Sie wie ich zu den Menschen gehören, die es tragisch finden, dass so viele große Gemälde bedeutender Künstlerinnen und Künstler in irgendwelchen dunklen Zollfreilagern als Geldanlage gehortet sind, statt in Museen von allen genossen werden zu können, dann verticken Sie Ihre Weine, damit jemand anderer Spaß damit hat. Wir Weintrinker sind in einer immer fitter und bewusster und gesünder lebenden Welt eine immer kleiner werdende, bacchantische kultische Gemeinschaft. Wir müssen zusammenhalten!

11
Das größte Gewürzregal der Welt

Holz ist das einzige Gewürz, mit dem Winzer arbeiten. Zumindest Spitzenwinzer, denn man darf allerlei Mittelchen, Enzyme, Reinzuchthefen und was alles noch in den vermeintlich reinen Wein geben, um ihn nach eigenem Gusto zu formen. Aber Holz ist das einzige Gewürz, das Spitzenwinzer verwenden, um ihren Weinen weitere geschmackliche Dimensionen zu verleihen. In erster Linie dienen Holzfässer natürlich der Reifung des Weins. Im Gegensatz zu Stahltanks findet dabei ein Luftaustausch statt – eine sogenannte Mikrooxidation. Im Stahltank setzt man dagegen auf einen reduktiven Ausbau, möglichst komplett ohne Oxidation, was für strahlende Fruchtaromen und viel Frische sorgt.

Im Holzfass verlieren Weine an Frische, gewinnen aber an Reife – sowohl was die Aromen betrifft wie auch die Struktur. Wenn Fässer ein gewisses Alter erreicht haben, ist das auch alles, wofür sie sorgen. Nach vier, fünf Jahren sind sie so weit ausgelaugt, dass sie geschmacklich neutral wirken.

In jungen Jahren, am meisten, wenn sie erstmals mit Wein befüllt werden, ist das ganz anders. Die erste Frage ist: Welches Eichenholz (es ist so gut wie immer Eichenholz, in früheren Zeiten aber auch Kastanie, Pinie, Kirsche und Akazie, *55) wurde verwendet? Drei Arten kommen zum Einsatz: Amerikanische Weißeiche, Stieleiche und Traubeneiche. Letztere finden sich bei Fässern aus französischem, slowakischem, ungarischem, österreichischem und deutschem Holz – um nur die wichtigsten Herkunftsländer zu nennen –, die Amerikanische Nordeiche findet sich nur in Nordamerika. Sie ist poröser und kann maschinell gesägt werden, bei den europäischen Arten passiert alles händisch und damit kostenintensiver. Auch ist die amerikanische Variante etwas grober im Geschmack, ihre Aromen sind kraftvoller. Typisch ist sie für Weine aus der Rioja (Spanien).

Durch den Ausbau im Barrique werden tertiäre Aromen erzeugt, in Unterscheidung zum primären Geschmack der Trauben und den sekundären der Gärung. Vanille ist das typischste Aroma, Rauch, Tabak und Röstnoten sind auch sehr verbreitet. Aber auch am Gaumen tut sich was, in Form der Gerbstoffe, die aus dem Holz gelöst werden und sich manchmal adstringierend anfühlen können, also speicheltreibend, und manchmal auch pelzig. Im Idealfall schmeckt das Holz aber nicht vor, sondern ist integriert, stützt den Wein, übertönt ihn aber nicht. Es ist eine hohe Kunst.

Denn ein Winzer entscheidet sich nicht nur zwischen drei Eichenarten und deren Herkunft, sondern auch zwischen Tonnellerien, also Küfereien, Fassherstellern, von denen es etliche berühmte gibt (Seguin Moreau, Taransaud, Damy, um nur ein paar zu nennen), und nach dem Grad des Toastings. Dabei handelt es sich um die Röstung der Innenseiten des Fasses – die unter anderem zur Erzeugung von Vanillin führt. Es gibt vier Stärkegrade: light, medium, medium+ und heavy. Je stärker getoastet, desto mehr Aromen. Früher füllte mancher einen Basiswein in ein stark getoastetes Fass und erschlug ihn dadurch mit der groben Holzkeule. Heute passiert so etwas nur noch selten. Wein kann übrigens nicht nur im Barrique reifen, sondern auch vergären, allerdings dann meist in gebrauchten Fässern, denn neue knallen aromatisch manchmal zu sehr durch.

Wenn ich von Fässern rede, meine ich in diesem Fall Barriques, also solche mit einem Fassungsvermögen von – üblicherweise – 225 Litern (im Bordelais, beziehungsweise 228 Litern im Burgund) bis zu 400 Litern. In deutschen Kellern sind traditionellerweise große Fuder-, Stück- oder Halbstückfässer üblich, die keine Holzaromen an den Wein absondern. Dies zum einen wegen ihres Alters, zum anderen, weil sie bei ihrer Produktion »weingrün« gemacht wurden, also so lange gewässert, gebrüht und gedämpft wurden, bis sie nichts mehr an den zukünftig in ihnen lagernden Wein abgeben würden.

Das Wort Barrikade leitet sich tatsächlich von Barrique ab, weil bei der Julirevolution 1830 mit Erde gefüllte Barriques als Straßensperren dienten. Ursprünglich war das Barriquefass gar nicht zur Reifung, sondern nur zum Transport gedacht. Darin konnte man den Wein nach England transportieren – wo man merkte, dass er plötzlich viel besser schmeckte.

Große Winzer spielen mit ihren Fässern wie Köche mit Gewürzen. Sie haben Barriques verschiedener Hersteller, verschieden getoastet, verschieden alt noch dazu. Durch viel Erfahrung wissen sie, welche zu welchem ihrer Weine passen, wobei jeder Jahrgang anders ist und immer wieder Neues probiert wird. Es ist eine große Kunst. Misslingt ein Fass, wandert der Inhalt eben in einen Einstiegswein, wo er im großen Gemisch keinen Schaden anrichtet.

Vor vielen Jahren, als man in Deutschland mit Barriques begann, kauften die Spitzenwinzer der Ahrregion alle bei der Tonnellerie François Frères, alle medium toasted, was die Weine natürlich ein wenig uniform werden ließ. Die Weinwelt, auch ich, dachte, das sei das typische Aroma hochklassiger Ahrweine. Dabei war es nur das Aroma der Fässer.

12 Je oller, je doller

Gereifte Weine gehören zu den größten Legenden unter Weingenießerinnen und Weingenießern. Legendäre Jahrgänge, Kometenjahrgänge gar, über hundert Jahre gereifte Tropfen, kultige Weingutsnamen. Ein großer Altwein, denkt mancher, ist die finale Initiation im Leben eines Weingenießers.

In vielen Fällen ist es die finale Frustration.

Echte Altweintrinker:innen wissen das, sie können sich auch an verblühten Aromen erfreuen oder daran, wie gut sich ein vermeintlich »kleiner« Wein gehalten hat. Sie wissen um die Qualitätsschwankungen alter Weine, für sie ist all das Teil der Faszination.

Als Novize allerdings sollten Sie gewarnt sein.

Es wird gesagt, dass Wein mit der Reife immer besser wird. Das ist eine Mär.

Die meisten Weine werden mit der Reife nicht besser. Die wenigsten Weine werden mit Reife besser.

Aber was heißt »besser«?

Sie werden auf jeden Fall anders, die Aromen wandeln sich, die Struktur des Weines auch, der Restzucker ist weniger schmeckbar, die Gerbstoffe werden weicher. Wenn Ihnen ein Wein in der Jugend sehr gut geschmeckt hat, ist das keine

Garantie, dass er Ihnen mit der Reife besser schmeckt – oder überhaupt noch schmeckt.

Erste Regel für Altweintrinker: Es gibt keine alten Weine, nur alte Flaschen. Meint: Je älter ein Wein, desto größer die Flaschenvarianz. Das liegt an der jeweiligen Lagerung, aber auch am Korken. Die Sauerstoffdurchlässigkeit von zwei Korken aus derselben Charge kann um mehr als den Faktor tausend schwanken! Bei einem jungen Wein mag das noch nichts ausmachen, aber je länger der Wein reift, umso mehr. Der gleiche Wein kann in einer Flasche, mit gutem Füllstand, strahlen wie ein junger, in einer anderen ein matter, lebensmüder Greis sein. Jede Flasche ist ein Wagnis, und man kann dem Inhalt nur zum Teil – Füllstand, Farbe – ansehen, wie gut er die Zeiten überdauert hat. Ein gewisses Restrisiko bleibt. Zudem muss man die Aromen alter Weine auch schätzen – was definitiv nur wenige tun. Denn die meisten Weingenießer sind Fruchtnoten gewohnt, nicht aber verblühte Knospen, Tee, Zigarrenkiste, Gemüse und so einiges mehr. Zudem sind die allermeisten Weine auf der Welt dazu gemacht, in den ersten Jahren genossen zu werden.

Bevor Sie also viel Geld für einen hochgerühmten Altwein ausgeben, kaufen Sie sich lieber erst mal einen günstigen reifen Wein und testen, ob das etwas für Sie ist. Besondere Vorsicht gilt bei alten Schaumweinen. Mancher – ich zum Beispiel – liebt sie, aber der Zisch ist natürlich irgendwann weg. Wer mag, kann sie dann mit einem Schuss des gleichen Schaumweins aus einem jüngeren Jahrgang wiederbeleben.

Wenn Sie planen, einen Altwein zu öffnen, sollten Sie auch den Abschnitt zu Korkenziehern (*13) lesen. Er wird Ihnen viel Ärger ersparen.

Und wir müssen über Argongas sprechen.

Das in die Weinflasche gefüllt wird.

Eine sehr dünne Nadel wird dafür durch den Korken gesteckt, Wein wird entnommen, Argongas hineingefüllt, die Nadel wird aus dem Korken gezogen, und dieser verschließt sich danach wie von selbst. Warum Gas? Weil in der Flasche sonst Luft wäre, die den Wein oxidieren ließe. Argon ist ein innertes Gas, das sich auf die Oberfläche legt und Luftkontakt ausschließt. Das heißt, man kann von einem Wein auch nur ein Glas trinken und ihn danach ein ganzes Jahr nicht mehr anrühren, ohne dass er an Qualität einbüßt. Enorm praktisch. Bei uns zu Hause werden die Flaschen allerdings immer zu schnell leer, als dass sich das Gas lohnen würde. Einige Spitzenrestaurants arbeiten mittlerweile mit solchen Systemen, was es den Sommeliers (*15) ermöglicht, absolute Spitzenweine glasweise anzubieten. Das ist eine Chance, Legenden zu genießen, von denen man sich kaum eine ganze Flasche leisten kann – wenn man die überhaupt bekäme. Grundsätzlich rate ich beim Restaurantbesuch aber zur Zweieinhalb-Wein-Strategie (*36). Aus sozialen Gründen ist davon abzuraten, umfangreiche Weinkarten zu lesen (*63) – es sei denn, Sie sitzen ohne Begleitung im Restaurant.

Der organoleptische Dresscode in Restaurants (sowie bei Weinproben) lautet für Weingenießer: kein starkes Parfum – am allerbesten sogar überhaupt keines.

Leider bin ich noch nicht am Ende mit meinen Warnungen zum Altwein. Von einigen berühmten Tropfen sind mehr Fälschungen als Originale auf dem Markt. Schauen Sie sich deshalb die Quelle, bei der Sie kaufen, sehr genau an. Bei Internet-Plattformen wie eBay kaufe ich grundsätzlich keine teuren Altweine, sondern nur von renommierten Händlern. Da kostet der Wein zwar ein paar Euro mehr, aber die Chance, ein korrekt gelagertes Original zu erhalten, ist deutlich höher. Der Einsatz muss allerdings nicht hoch sein, denn auch für vergleichsweise wenig Geld gibt es tolle gereifte Weine. Und wenn Sie eine gute Flasche erwischen, noch dazu aus einem für Sie bedeutsamen Jahr, kann sich die ganze Mühe lohnen.

Habe ich noch etwas vergessen? Ja. Weine mit Korkschmeckern kann man in der Regel retournieren, bei einem

Altwein strapazieren Sie die Toleranz eines Weingutes oder Händlers allerdings meistens über.

Schließen möchte ich dieses Thema versöhnlich mit einem Bonmot:

Es gibt Weine, die mit den Jahren besser werden. Dann gibt es Jahre, die nur mit Wein besser werden.

13
»Abgezapft und originalverkorkt von Pahlhuber & Söhne!«

Im Internet werden Sie Videos finden, wie man nur mit einem Schuh den Korken aus der Flasche bekommt, für den Alltag empfiehlt sich allerdings ein Korkenzieher (in Österreich auch als Stoppelzieher bekannt, in der Schweiz als Zapfenzieher). Hier kann man viel Geld lassen – und das habe ich auch getan. Mit großer Freude. Denn neben Weinklimaschränken ist dies einer der wenigen Punkte im Leben eines Weingenießers, an dem sich Technikfaszination mit seinem liebsten Hobby paart.

Die teuerste Variante heißt Hebelkorkenzieher und hat passenderweise einen großen Hebel (es gibt sie auch als fest am Tisch montierte Variante, als Tischkorkenzieher) – bekannt dafür ist die Firma Screwpull. Aber einige andere bieten ähnliche, zum Teil günstigere Modelle. Ich habe zwei, vielleicht sind es auch drei davon. Tolle Geräte, mit denen man sehr schnell einen Korken ziehen kann. Das wusste ich bei Weinproben enorm zu schätzen, bei denen Dutzende Flaschen entkorkt werden mussten.

Aber zu Hause?

Mit dem schweren Ding beeindruckt man zwar Gäste, aber ehrlich gesagt nehme ich viel lieber ein Kellnermesser. Irgendeines mit ordentlicher Spindel. Ich genieße es, langsam und mittig in den Korken zu bohren, dessen Konsistenz zu spüren, auch schon, wie trocken oder brüchig er ist oder wie neu und gleichmäßig. Das spürt man mit einem der teuren Dinger nicht.

Einen doppelten Hebel sollte das Gerät allerdings haben, das macht es leichter. Dann wechselt man einfach flugs vom kurzen Stempel, der auf den Flaschenhals gesetzt ist, auf den langen und zieht den Kork die letzten Zentimeter hinaus, bis ein leises »Plopp« erklingt. Laut sollte es nicht sein, denn man will den Wein ja nicht erschrecken. Unhörbar sollte es auch nicht sein, denn dann war der Korken vermutlich nicht dicht, und der Wein ist hinüber. Vor einiger Zeit ist von Peugeot ein Kellnermesser mit doppeltem Hebel auf den Markt gekommen, bei dem man den Stempel dank einer raffinierten Mechanik nicht umsetzen muss. Ausgesprochen praktisch.

Versuchen Sie lieber nicht, mit einem der früher üblichen T-Korkenzieher, die aus nicht mehr als einer Schraubenspindel mit Quergriff bestehen, zu beweisen, wie viel Kraft Sie haben. Die Chance, dass der Korken reißt oder/und alles in einer Sauerei endet, ist nicht kleinzureden. Flügelkorkenzieher finde ich zu umständlich.

Überdruck- und Glockenkorkenzieher gibt es auch, aber ich bleibe dabei: Das Kellnermesser ist die erste Wahl, um den harten Stahl der Spirale tief und kraftvoll in den weichen Korken zu stoßen.

Klingt extrem phallisch.

Bei der Flaschenform sind wir allerdings ohnehin schon im Phallischen. Erst recht bei großformatigen Flaschen. Da kompensiert sicher manch einer in Glas und Korken.

Aber das Korkenziehen hat für mich nichts Erotisches, vielmehr beschleicht mich eine kindliche Vorfreude, das Öffnen des Weins gleicht dem Auspacken eines Geschenks.

Und bei Korkenziehern ist mir die Größe auch herzlich egal. Hauptsache, sie liegen gut in der Hand und gleiten sanft in den Korken.

Hm. Vielleicht bespreche ich das doch lieber mal mit meinem Therapeuten.

Was vor dem Ziehen des Korkens durchgeführt werden muss, ist das Abschneiden der Kapsel. Dafür ist an Kellnermessern ein Kurzmesser angebracht, häufig mit Wellenschliff, was dazu führen kann, dass man die Kapsel beim Schneiden zerfetzt. Eine Kapsel sauber und schnell abzuschneiden erfordert Übung. Deshalb rate ich zu einem Kapselschneider, mit dem geht es kinderleicht und immer exakt.

Sektflaschenöffner gibt es auch. Ich habe noch nie gesehen, dass jemand einen benutzt. Hier gilt: Vorsichtig das Drahtgeflecht (die Agraffe) lösen, dabei den Korken mit der Handinnenfläche sichern. Dann den Korken gut festhalten, die Flasche drehen (nicht den Korken) und ihn langsam »kommen lassen«. Sachte. Es soll nicht laut knallen, sondern sanft pfffen. Der sogenannte »Engelsfurz«.

Mit einer Portweinzange können Sie gleich den ganzen Flaschenhals abtrennen, mit einem Säbel eine Schaumweinflasche sabrieren, also den Flaschenhals abschlagen. Beides führt in der richtigen Situation zu Staunen und Applaus, ist für den Hausgebrauch aber nicht zu empfehlen.

Es gibt auch spezielle Entkorkungshilfen für Champagner (der übrigens ins Gerede gekommen ist, weil der Umgang mit Erntehelfern zum Teil moderner Sklaverei ähneln soll – eine Schande, wenn man bedenkt, wie viel Geld mit Champagner verdient wird). Diese Entkorkungshilfen ähneln einer Art kleinem Greifer mit vier Armen. Zu meiner Überraschung sind sie tatsächlich praktisch, nehmen aber dem archaischem Kampf Mensch gegen druckvollen Korken etwas von seiner Grandezza.

Eine wichtige Besonderheit sollte ich noch erwähnen: Alte Korken neigen zum Zerbröckeln, sie kleben auch gerne am Flaschenhals fest. Da braucht es spezielles Werkzeug, sogenannte Spangenkorkenzieher. Sie haben zwei Zungen aus Federstahl, die man zwischen Korken und Flascheninnenhals ruckelt. Auch bekannt sind sie als Hebammen, weil sie den Korken durch einen engen Kanal auf die Welt bringen. Schwere Geburt, Zangengeburt halt. Manchmal ist der Korken aber auch so durchfeuchtet und bröckelig, dass ich jede Ähnlichkeit mit Geburten aus meinem Kopf verbannen möchte.

Eine Weiterentwicklung des Spangenkorkenziehers ist der – allerdings teure – »The Durand«. Er kombiniert Spangen- und T-Korkenzieher auf geniale Weise. Falls Sie viele alte Weine öffnen, kommen Sie um dieses Gerät nicht herum.

Und falls doch mal ein Korken bröseln sollte: Ein feines Küchensieb hilft, das Gröbste rauszufiltern.

14
Bling-Bling

Karaffen sind keine Deko, man braucht sie wirklich. Es gibt viele Formen, und die verschiedenen Glashütten erzählen einem, warum gerade ihre die beste ist. Die entscheidende Frage bei der Auswahl betrifft die Oberfläche, die der Wein nach dem Eingießen hat. Je größer, desto mehr Luftkontakt. In der Regel sind Karaffen bauchig, und der Hals ist eng. Was die Größe betrifft, gilt: Die Karaffe sollte das doppelte Volumen der Weinflasche habe. Bei einer Standardflasche von 0,75 Liter also 1,5 Liter Fassungsvermögen.

Viele sprechen beim Umgießen eines Weins grundsätzlich von Dekantieren, was aus dem Französischen kommt, wo »décanter« unter anderem »umfüllen«, aber auch »klären« bedeutet. Dekantieren bedeutet, einen Wein von seinem Depot, seinem Bodensatz, zu trennen, der sich mit der Reife angesammelt hat und aus Weinstein, Farb- und Gerbstoffen besteht. Die sind weder giftig noch schwer verdaulich, allerdings bevorzugen die meisten Genießer ihren Wein ohne Einlage.

Um den Bodensatz vor dem Dekantieren nicht aufzuwirbeln, muss die Flasche wie ein rohes Ei behandelt werden. Früher war es üblich, den Inhalt einer Flasche vorsichtig vor einer Kerzenflamme in eine Karaffe zu gießen, die den Flaschenhals beleuchtet, sodass man erkennen konnte, wann der Bodensatz dort ankommt, um das Umfüllen in diesem Moment einzustellen. Alter Portwein hat besonders feines Depot, weshalb manche mit einer Dekantiermaschine arbeiten, bei der die Flasche mittels einer Kurbel ganz sachte und kontrolliert bis in die Waagerechte transportiert werden kann.

Dekantieren ist eine Wissenschaft für sich, da einige alte Weine nach dem Öffnen und dem dadurch erfolgenden Luftkontakt sehr schnell verblühen. (Ausnahmen bestätigen die Regel.) Grundsätzlich gilt: Je jünger der Wein, desto längere Zeit benötigt er in der Karaffe, denn damit führt man quasi eine Reifung im Schnelldurchlauf durch. Bei alten Weinen dient der Luftkontakt dagegen dazu, sie zu vitalisieren.

Und damit kommen wir zu einem heiklen Punkt.

Die meisten Weine, die in einer Dekantierkaraffe landen, werden gar nicht dekantiert, und die Karaffen sind demzufolge auch gar keine Dekantierkaraffen.

Die Weine werden nämlich nicht von ihrem Depot getrennt, sondern einfach umgefüllt, damit sie atmen können.

Sie werden nicht dekantiert, sie werden karaffiert.

Jeder Wein, der dekantiert wird, wird auch karaffiert. Aber nicht jeder Wein, der karaffiert wird, wird dekantiert.

Übrigens nicht nur Rotwein. Auch manche Weißweine profitieren von einer Belüftung. Wichtig ist dabei nur, dass die Karaffe gekühlt wird, also in Eis steht.

15
Gebrauchsanweisung für Sommeliers

»Herr Ober, wieso ist das Weinglas, das Sie mir bringen, leer?«

»Wenn ich mich recht erinnere, hatten Sie einen besonders trockenen Wein bestellt, mein Herr.«

In gehobenen Restaurants ist ein Sommelier oder eine Sommelière für die Weinberatung zuständig – früher auch als Mundschenk bekannt, heute manchmal Somm abgekürzt. Geschützt ist dieser Begriff übrigens nicht. Ein Restaurant könnte auch den Tellerwäscher raus zum Gast schicken und als Sommelier deklarieren. Allerdings kann man sich auch zum geprüften Sommelier ausbilden lassen.

Macht der Sommelier einen guten Eindruck: Reden Sie mit ihm ganz offen, sagen Sie ihm, was Sie gerne trinken. Er muss dann einen Wein finden, der ihren Geschmack trifft und zum Essen passt. Wenn Sie eine Preiskategorie vorgeben möchten, suchen Sie sich einen Wein, den sie grundsätzlich mögen und der in der entsprechenden Preiskategorie liegt. Zum Beispiel: »Ich denke über den 2033er Hupfendohler Meisenpieper von Schlumpfmann nach, aber bin mir nicht sicher, ob der zum Stil der Küche passt.« Wenn der Wein um die fünfzig Euro liegt, sollte ein guter Sommelier passende

Weine empfehlen, die ebenfalls um die fünfzig Euro liegen. Geht er deutlich drüber, vor allem wenn er das nicht kommuniziert, ist er ein Hallodri.

Begleitende Weinmenüs

Sind leider häufig Resteverwertung. Das muss nichts Schlechtes sein, Reste können auch gut sein. Aber erwarten Sie nicht, dass jeder Wein perfekt passt. Bei den meisten Weinmenüs zu einem mehrgängigen Menü haben Sie vielleicht zwei echte Treffer. Zudem: Zu jedem Gang ein neuer Wein bedeutet, dass Ihnen das Trinktempo vorgegeben wird und Sie mit jedem der Weine verhältnismäßig wenig Zeit verbringen. Vermutlich werden Sie sich nachher an keinen davon mehr erinnern. Trinken Sie aber einen Weißwein über mehrere Gänge, werden Sie diesen Wein über den Abend kennen- und vielleicht auch schätzen lernen, werden beobachten können, wie er sich mit verschiedenen Speisen und Aromen verbindet – das sogenannte Food-Wine-Pairing –, und mit ihm Freundschaft schließen. Zum Hauptgang mit Fleisch kann man dann ganz klassisch einen offenen Roten bestellen, zum Dessert einen Süßwein. Aber der Abend mit einem Wein, der gut als Allrounder funktioniert, zum Beispiel einem Chardonnay aus dem Burgund, ist entspannter als ein Weinmenü – ist aber natürlich nicht so spannend und bringt nicht so viele Neuentdeckungen hervor.

16
The Vintages They Are a-Changin'

Ein heikles Thema, allerdings nur für gute, handwerklich erzeugte Weine. Für den Plonk aus dem Discounterregal ist der Jahrgang völlig unerheblich. Diese Weine werden nämlich extra so gemacht, dass er völlig unerheblich ist. Es geht darum, dass sie wie Coca-Cola immer gleich schmecken und die Erwartungen des Konsumenten erfüllen. Es sind auch keine Weine, die für die Reife gemacht sind. Lassen Sie solch einen Wein einen Tag offen stehen, und er wirkt am Gaumen wie ein Ballon, aus dem alle Luft raus ist.

Bei »handgemachten« Weinen unterscheiden sich die Jahrgänge dagegen deutlich. Und je teurer der Wein ist, desto eher sollten Sie darauf achten, dass die Jahrgangscharakteristik Ihrem Geschmack entspricht. Ganz grob gibt es zwei Kategorien: warme Jahre, die Weine mit mehr Alkohol und weniger Säure hervorbringen, sowie kühle oder klassische Jahre, die zu Weinen mit weniger Alkohol und mehr Säure führen. Natürlich ist das relativ, denn an der Mosel bekommen Weine zum Beispiel grundsätzlich eher weniger Wärme ab als im kalifornischen Napa Valley, und natürlich hängt es von den Rebsorten und der Arbeit des Winzers ab, welchen Stil er erzielen will. Also wie gesagt: ganz grob. Dank der

Klimakatastrophe werden die kühleren Jahrgänge auch immer seltener.

Wenn Sie tiefer in die Materie einsteigen, werden Sie herausfinden, dass es (immer häufiger) Jahrgänge mit Trockenstress gibt, solche mit einer guten Botrytis (auch als Grauschimmelfäule bekannt, im Herbst zur Erzeugung edelsüßer Weine erwünscht, weil dieser Schimmelpilz die Beerenhaut perforiert, Wasser dadurch verdunstet und die restlichen Inhaltsstoffe somit konzentriert werden) oder welche mit sehr langer (positiv) oder sehr kurzer (negativ) Hängezeit der Trauben am Stock.

Aber, und es ist ein großes Aber: Die Faszination liegt gerade in der Unterschiedlichkeit der Jahrgänge. Also einen Wein zu schätzen und zu schmecken und zu riechen, wie das Wetter ihn jedes Jahr anders prägt, wie die Reife sich bei unterschiedlichen Jahrgängen zeigt. Egal wie viel hippe neue Weine es gibt, diese Unterschiede und Veränderungen bei einem Wein über die Jahre zu verfolgen ist einer der beglückendsten Aspekte der Weinliebe.

17
Vom Arzt verschrieben!

Falls Ihnen diese Meldung aus der Wissenschaft durchgegangen ist: Wein tötet Bakterien ab! Und zwar – jetzt kommt's – jene, die Halsschmerzen oder Zahnstein verursachen. Rotwein sogar ein wenig besser als Weißwein. Ich trinke Wein ja grundsätzlich nicht aus gesundheitlichen Gründen. Aber wenn der Genuss zu Kollateralschäden der Bakterienpopulation in meinem Mund führt, nehme ich das gerne mit. Und vielleicht werde ich künftig häufiger ein leichtes Kratzen im Hals spüren, das man mittels Wein im Keim ersticken sollte.

Natürlich sollte man sich genau überlegen, welche Medizin man wählt. Die Weingüter produzieren ja jedes Jahr aufs Neue faszinierende Mittelchen. Sogar in verschiedenen Farben!

Und wir alle kennen das »Französische Paradox«. Es diente schon Generationen von Weintrinkern dazu, ihr Hobby als Kur zu verkaufen. Gut, den Begriff gibt es erst seit Anfang der 1990er, aber schon 1819 beobachtete ein irischer Arzt das Phänomen, dass Franzosen länger leben und weniger Herzinfarkte erleiden als Menschen in anderen Ländern – trotz hohen Fett-, Tabak- und Alkoholkonsums. Des Rätsels Lösung musste im Wein liegen! Vor allem dem roten. Alkohol wirkt schließlich gefäßerweiternd. Einigen anderen Inhaltsstoffen wurden auch entsprechende Wirkungen nachgesagt, vor allem den Polyphenolen, die sich verstärkt in Rotweinen finden (vor allem denen aus der Rebsorte Tannat).

Ein Erklärungsansatz, der das Trinken leider nicht gesundheitlich absegnet, besagt, dass in Frankreich die pränatale und postnatale Versorgung seit vielen Jahren herausragend ist und sich das statistisch niederschlägt.

Dann fand die WHO heraus, dass die Statistiken täuschen. In französischen Sterbeurkunden wurden Herzerkrankungen nicht entsprechend erfasst, weshalb sie um zwanzig Prozent niedriger erschienen. Rechnet man diesen Fehler heraus, gibt es kein französisches Paradox mehr. Ein Fakt, der in der Weinwelt nicht sonderlich bekannt ist.

Stattdessen gibt es viele Studien darüber, wie gesund Wein ist. In Maßen genossen.

Ist er allerdings nicht. Täglicher Alkoholkonsum – selbst moderater – führt zu einem erhöhten Risiko für Herzerkrankungen. Außerdem wird das Immunsystem geschwächt (in Form der gedämpften weißen Blutkörperchen), und der Schlaf leidet auch, man erholt sich weniger. Krebserregend ist Alkohol zudem.

Was soll man vor diesem Hintergrund von folgendem eidgenössischem Brauch halten? Während in Deutschland Hundertjährige manchmal nur einen feuchten Händedruck ihres Bürgermeisters und ein paar olle Primeln erhalten, schenkt der Kanton Freiburg dem Jubilar hundert Flaschen Wein aus der Region! Bis 2015 gab es wahlweise einen Sessel, aber den wollte kaum jemand. Im Kanton Waadt gibt es zwölf Flaschen Wein, in Genf nur drei. Die Lösung für jeden, dem die Gesundheit schnurz ist (oder der den lebendigen Beweis dafür antritt, dass man auch als regelmäßiger Weinkonsument sehr betagt werden kann), kann da nur lauten: im hohen Alter in den Kanton Freiburg ziehen.

Und wenn Sie trotz der gesundheitlichen Bedenken zumindest digital nicht auf die Tätigkeit des Weintrinkens verzichten möchten, gibt es eine Scherz-App namens »Wine – Drink (Prank)«, bei der ein leeres Glas Wein auf dem Handybildschirm erscheint. Berührt man es, füllt sich das Glas, so weit man möchte. Indem man das Handy schwenkt, schwenkt man den Wein, kippt man das Handy, »trinkt« man den Wein.

Ungesund ist das nicht. Aber leider schon nach einem einzigen Schluck elend öde.

18
Prominente Weine

Johnny Depp war in den letzten Jahren vor allem wegen seiner Schlammschlachtscheidung von Amber Heard in den Schlagzeilen. Dabei gab es eine Nachricht aus dem Kosmos des Hollywoodstars, die in unserem Kontext bedeutend relevanter ist. Die Überschrift in der »Hamburger Morgenpost« im Sommer 2020 lautete: »KRASS VERPRASST Johnny Depp 30 000 Dollar für Wein – im Monat!« Das ist inhaltlich natürlich krass falsch, denn 30 000 Dollar für Wein sind gut angelegtes Geld. Das sagte Depp auch zu seinen Beratern. Diese erwiderten, es sei nur dann eine Investition, wenn man den Wein nicht sofort trinke (eine ausgesprochen kurzsichtige Betrachtungsweise!). Darauf Depp: »Es ist geradezu beleidigend, dass sie von 30 000 Dollar monatlich sprechen! Es war nämlich noch viel mehr!« Ein Satz, der auch eines Captain Jack Sparrow würdig wäre!

Eine Antwort, die mir diesen Mann sehr sympathisch macht. Einen Mann, der in seine Bildung und seinen Geschmack investiert – was sich aktuell sicherer auszahlt, als sein Geld bei der Bank zu haben. Depp liebt nach eigener Aussage die Weine von Château Pétrus, Cheval Blanc, Calon-Ségur und der Domaine de la Romanée-Conti.

Und was ist mit deutschen Promis? Dazu eine Frage: Kennen Sie »Indianerwein«? Ich bis vor Kurzem nicht. Gänsewein kannte ich, der in Frankreich scherzhaft »Froschwein« (Vin de grenouilles) oder »Château la Pompe« genannt wird, die Briten sagen manchmal »Adam's Wine« dazu. Indianerwein ist allerdings etwas ganz anderes. Klaas Heufer-Umlauf erwähnte ihn in Frank Elstners Abschiedsshow »Wetten, das war's ..?«. Hier die Definition: Indianerwein ist, wenn man die Reste verschiedener Flaschen zusammenkippt. Man könnte es panschen nennen oder edler cuvéetieren. Mein Onkel Hein machte das früher immer, füllte die Flaschen komplett und schlug mit einem Hammer (!) gebrauchte Korken in die Hälse. Auf diese Weine bekam der Indianerwein kaum Luftkontakt und hielt sich lange – sehr nachhaltig. Ich will hier wahrlich nicht dazu aufrufen, das nachzuahmen, schon gar nicht, wenn Wittmanns »La Borne«, Ziereisens »10 hoch 4« oder HE Dauschs »L'Artiste« auf dem Tisch steht (Rot und Weiß panschen übrigens selbst die Verwegensten nicht zusammen). Aber als Partyspiel zu später Stunde könnte man es ja mal ausprobieren – und dann raten, was da zusammengeschüttet wurde.

Es gibt auch Promis wie Günther Jauch, der das Familienweingut an der Saar übernahm und Spitzenweine produziert. Andere deutsche Promis wie Thomas Anders, Matthias Schweighöfer oder Til Schweiger sind größtenteils nur marginal an den Weinen beteiligt, die sie bei bekannten Weingütern produzieren lassen oder denen sie ihren Namen leihen. Bei solchen Celebrity-Weinen gilt: Die berühmten Namen kosten extra.

Fünf Promiweine, die das Geld nicht lohnen:

- Motörhead Shiraz
- Güntherslay von Günther Klum (Vater von Heidi Klum)
- Barrymore Carmel Road Pinot Grigio (Drew Barrymore)

- Château de Tigné: Anjou Blanc Chenin demi-sec La Cuvée des Ânes (Gérard Depardieu)
- Tenute Al Bano Carrisi: Felicità Bianco (Al Bano, der Exmann von Romina Power)

19
Trinken mit Gottes Segen

Weihnachten. Endlich. Zeit, eine Gans vom Bauern um die Ecke zu schlachten. Eine schöne, fette! Oder lieber einen vegetarischen Walnussbraten zuzubereiten? Und Zeit, eine Flasche Wein zu köpfen. Auch gern eine schöne, fette. Eine große, mindestens Magnum. Die Gänse wurden über das Jahr gemästet, die Weine durften über Jahre reifen. Doch jetzt ist ihre Zeit gekommen. Reibe ich mir die Hände, wenn ich in den Keller steige, um die Festtagsweine herauszusuchen? Und wie!

In meinem Kopf stellt sich das begleitende Weinmenü mit jedem Schritt die Treppe hinunter zusammen. Zu Beginn einen Jahrgangschampagner, zum Beispiel die eine Buddel von Egly-Ouriet, die ich schon lange köpfen wollte. Dann einen gereiften Bordeaux aus gutem Jahr, zum Beispiel einen schönen Cos d'Estournel. Natürlich einen fein gereiften Burgunder, der Ponsot wartet doch schon so schrecklich lange auf seine Entkorkung, und zum Nachtisch einen edelsüßen Riesling, Loosens Erdener Prälat hat mich die letzten Monate im Keller immer so angelacht. Diese Weine sind mir wichtiger als die ganze Schenkerei. Sie sind das Geschenk an mich. Ein passenderweise himmlisches!

Wonach duftet eigentlich der Himmel? Vielleicht nach Vanille? Dann könnte man es an Weihnachten mit einem Wein versuchen, der in einem Fass aus Amerikanischer Weißeiche ausgebaut wurde. Andererseits ist Vanille ein äußerst starkes Aphrodisiakum, und das können sie im Himmel sicher nicht gebrauchen, sonst kommen die Engel plötzlich auf dumme Gedanken.

Wonach könnte der Himmel dann bloß duften? Nach Manna, dem Brot des Lebens? In der Bibel beschrieben als fein wie Reif, weiß wie Koriandersamen und mit dem Geschmack von Honigkuchen. Also ein gereifter Wein, der feine Honigaromen entwickelt hat? Tokajer, Sauternes, eigentlich die meisten süßen und edelsüßen Weine bieten sich an. Flüssiges Manna! Zum Dessert wunderbar, aber vorher? Verdammt! Da wünscht man sich doch, Atheist zu sein.

Also weiter: Wonach duftet das Paradies? Nach Apfel – die paradiesische Frucht schlechthin! Also Wein mit Apfelduft. Ha! Da kann ich doch fabelhaft auswählen. Riesling, Gutedel, Chenin Blanc, Chardonnay, Moscato d'Asti, Pinot Grigio, Trebbiano, Weißburgunder und, und, und. Wunderbar! Weihnachten ist gerettet.

20
Das Handy-Orakel

Mein Handy ist klug. Um nicht zu sagen, weise. Dagegen treibt jeder Zen-Mönch an der Oberfläche. Woran ich das gemerkt habe? Vor Kurzem schrieb ich eine SMS an einen befreundeten Weintrinker. Mein Smartphone besitzt eine automatische Fehlerkorrektur. Eine Funktion, die ich schon etliche Male verflucht habe, aber leider nicht fähig bin abzustellen. Nun aber bin ich sehr froh über meine technische Inkompetenz! Ich schrieb »Dornfelder«, mein Handy korrigierte automatisch in das korrekte Nomen: »Formfehler«. Kann man es noch deutlicher, noch präziser, noch treffender sagen? Nein. Der Dornfelder ist ein Formfehler, doch es bedurfte meines Handys, um das klipp und klar auszudrücken! Ich wollte mehr von dieser Weisheit und tippte »Sauvignon blanc«. Die Korrektur klatschte mir die Wahrheit ungehemmt ins Gesicht: »Saubohnen blanc«. So schmeckt das Zeug ja auch meistens! Wie die Saubohne, auch als Puffbohne bekannt. Geradezu philosophisch auch die Handy-Änderung des Wortes »Pinot«. Es spuckte aus: »Punkt«. Das ist an Präzision nicht zu überbieten! Großer Pinot bringt es auf den Punkt wie keine andere Rebsorte. Mein Handy weiß das! Woher? Vielleicht, weil ich oftmals nach Weingenuss telefoniere, die Dämpfe des Rebensaftes also durch das Sprechmikro in sein Inneres gelangen und dort analysiert werden.

Mein Handy weiß auch um die kritische Lage der Weltwirtschaft. Ich tippe »Zinfandel«, es antwortet mir »Zinsanstieg«. Was für ein Volltreffer! Sind nicht die Amis mit ihrer Finanzkrise schuld, dass es uns in Europa jetzt schlechter geht? Haben uns die Zinfandel-Trinker nicht reingeritten? Manchmal warnt mich mein Handy auch. So bei Pinot Grigio. Aus Grigio machte es Grigori. Ich stutzte. Was wollte es mir damit sagen? Wikipedia half: Grigori ist ein männlicher Vorname, eine Variante von Gregor. Und wer ist der berühmteste Grigori aller Zeiten? Das ist Grigori Jefimowitsch Rasputin. Der russische Scharlatan! Und sind uns allen nicht schon genügend Scharlatane in Pinot-Grigio-Form begegnet? Weine, bei denen wir uns fragten, welche Traube wirklich dafür ausgepresst wurde? Mein Handy wollte mich ganz offensichtlich vor weiteren Enttäuschungen bewahren.

Es ist jedoch auch zu Essensempfehlungen fähig. Beispiel gefällig? Meine Eingabe: »Malbec«. Seine Korrektur: »Kälber«. Passt Malbec nicht genial zu Kalbfleisch? Eben! Manchmal gibt sich mein Handy allerdings auch kryptisch. Grenache – Hermache, Chasselas – Chassis, Viognier – Vignette. Darüber werde ich auf einem einsamen Berggipfel meditieren. Die Kompetenz meines elektronischen Orakels zeigt sich nicht zuletzt auch daran, welche Worte es lässt, wie sie sind: Riesling, Spätburgunder, Chardonnay, Cabernet. So klein und schon so klug.

21
Warum einfach, wenn es auch schwierig geht?

Von seinen Kundinnen und Kunden darf man als Winzer schon ein wenig Vorwissen erwarten. Gerade von einem Connaisseur beziehungsweise einer Kennerin deutscher Weine!

Die hat über die Jahre immerhin große Freude daran gehabt, sich neben den offiziellen Kategorien wie Qualitätswein b. A., dem hochgeschätzten Hochgewächs, Kabinett oder Trockenbeerenauslese (kurzfristig Classic und Selection) auch Besonderheiten wie »Goldkapsel«, »Lange Goldkapsel« oder »Superduperextralange Stanniolkapsel« zu merken sowie den Unterschied zwischen ein, zwei und drei Sternen wie auch so aussagekräftigen Zusatzbezeichnungen wie »R«, »S«, »A« oder »2/XXL« zu beherrschen, bei denen man erst nach eingehendem Studium der jeweiligen Weinpreisliste herausbekommt, ob es die Anfangsbuchstaben der Töchter sind oder ob sie für etwas wie Selektion oder Reserve stehen. Die VDP-Volte mit »Großem Gewächs« und »Erster Lage« war für jeden Genießer deutscher Weine deshalb ein Klacks. Einfach kann schließlich jeder. Nicht zu vergessen das Wissen, ob es nun gut oder schlecht ist, wenn ein Wein »Gisela«, »Lisa-Marie«, »Senior« oder »Edeltraud« heißt. Das könnte ja auch

Rache in Form der schlimmsten Plörre des Gutes sein – quasi nachtragende Verklappung. Und was ist mit vermeintlich lustigen Namen wie »Suffilis« oder »Silvahnsinn« für einen Silvaner? Auch »Mystik« und »Ekstase« habe ich schon auf Etiketten gelesen. Aber will ich das wirklich im Mund haben. Vor allem wenn die Schwiegereltern zu Gast sind?

Etwas Basiswissen über Geologie ist von einem Connaisseur deutscher Weine ebenfalls nicht zu viel verlangt. Und es ist ja wirklich nur das kleine Einmaleins der Bodenkunde. So ein bisschen Entwicklungsgeschichte der Erde schnappt man schließlich schon im Kindergarten auf. Deshalb ist es äußerst hilfreich, wenn die Böden auf der Flasche stehen. Die meisten Lagen sagen einem schließlich nichts – jetzt auch die Böden. Darf es heute ein bisschen Quarzsand sein, Löss, Kieselstein, Gipskeuper oder lieber etwas für echte Kerle, also Granit? Nicht zum Draufbeißen, sondern zum Trinken! Oder etwas für das heiße Rendezvous – unser Vulkangestein? Wie sieht es aus mit Melaphyr, Porphyr – oder doch eher etwas Kalkigem? Simplem Kalk oder Kalkgestein (auch bekannt als Kalkstein)? Nein? Wie wäre es mit Kalkmergel oder Muschelkalk? Auch nicht? Dann darf ich Ihnen unsere besondere Spezialität anbieten: Landschneckenkalk! Exklusiver sind natürlich Schilfsandstein und Buntsandstein. Und für die Dame etwas Schiefer? Den hätten wir in den Varianten Devonschiefer, Grünschiefer, Roter Schiefer, Blauschiefer oder Grauer Schiefer – passend zur Abendgarderobe wählbar!

Besonders gefällt mir Rotliegendes. Denn das ist gar keine Bodenart an sich, sondern eine erdgeschichtliche Epoche. Das Rotliegend, auch als Untere Dyas bekannt. Was mir fehlt, sind genauere Aussagen. Wieso nicht »Zehn Zentimeter Löß/fünf Meter Kalkgestein«? Das wäre doch endlich mal exakt! Nicht dieses unwissenschaftliche Rumgeeiere! Der Weintrinker ist Bildungsbürger und verlangt stetig nach neuen, noch komplizierteren Weinetiketten. Wäre ja noch schöner, wenn Krethi und Plethi und Omma Schabowski die verstünden!

Es gibt kaum etwas, das es nicht gibt. Nur »Stinknormaler fetter Lehmboden« habe ich als Bezeichnung noch nicht gesehen.

22
Große Liebe (große Weine)

»Du, Papa? Was ist eigentlich Liebe?« Tja, da steht man dann und kratzt sich am Kopf. Gute Frage. Vor allem, wenn man sie richtig beantworten will und nicht lapidar mit »wenn zwei sich ganz doll gernhaben«. Vor Kurzem wurde mir nach einer Verkostung eine Frage gestellt, die mich ebenso ratlos machte: »Was ist ein wirklich großer Wein?« Ich denke häufig und ausnehmend gern an große Weine – genauso wie an die Liebe. Und doch blieb ich eine Antwort schuldig. Man wisse es, wenn man ihn trinke, sagte ich nur. Ich hätte ins Poetische flüchten und sagen können, dass ein großer Wein einen berührt, im Innersten, dass er mehr Emotion als Aromatik ist, dass er ein Geheimnis hat, das einen unentwegt fasziniert, eine tiefe Schönheit. All das stimmt, und doch: Wie kommt es zu solch einem Geheimnis? Wie kommt es in den Wein?

Ein großer Wein hat eine begnadete Herkunft und stammt aus einem herausragenden Jahr. Doch all dies von der Natur Vorgegebene ist nichts ohne den Winzer. Herkunft und Jahrgang sind der Text eines Weines, doch die Handschrift des Winzers ist es, die diesen Text im fertigen Wein niederschreibt. Das macht einen großen Winzer aus – und nur ein solcher schafft einen großen Wein. Bei vielen modernen Winzern ist der Text perfekt lesbar, sehr ordentlich in Times New Roman, zwölf Punkt, ohne einen einzigen Tintenkleckser. Aber eben austauschbar, in Druckbuchstaben. Die in der Handschrift des Winzers verfassten Jahrgänge und Ursprünge des Weines sind dagegen wahre Faszination, wahre Größe. Ein unverkennbares Schriftbild, das nichts überlagert – der Text ist bestens zu lesen. Herkunft, Jahrgang, Winzer, sie bilden die Dreieinigkeit eines großen Weines. Diese ist es ja, die auch als Terroir bezeichnet wird, wobei noch die Weinkultur und -geschichte mit hineinspielen. Doch so stolz man auf diese sein mag – ein großer Wein braucht sie nicht. Das beweisen viele große Tropfen aus der Neuen Welt. Und ob der Winzer instinktiv so grandios schreibt, also aus dem Bauch heraus, oder es aufgrund wissenschaftlicher Erkenntnisse tut, ist im Endeffekt völlig egal. Selbst hinter geplanten Kultweinen steht immer ein Mensch. Er entscheidet.

Der deutsche Schriftsteller Otto Flake sagte einst: »Liebe ist der Entschluss, das Ganze eines Menschen zu bejahen, die Einzelheiten mögen sein, wie sie wollen.« Vielleicht ist es auch bei einem großen Wein so: Wir bejahen ihn in seiner Gänze. Unabhängig von Kleinigkeiten wie einem Böckser (ein Weinfehler, aufgrund dessen der Wein meist nach faulen Eiern, manchmal aber auch nach Zwiebeln, Knoblauch oder gekochtem Kohl riecht), einer hässlichen Flasche – oder einem unsympathischen Winzer. Dann wäre die Definition eines großen Weins ganz simpel: Es ist ein Wein, den wir lieben. Okay, und was ist dann Liebe? Ich hoffe, mein Sohn gibt mir einige Jahre Zeit zum Nachdenken, bevor er die Frage erneut stellt.

23 Erfahrung ist alles

Kopfschütteln. Vor mir ein ungemein gelungener Chardonnay von einem unbekannten jungen Winzer. Er kostet nur einen Bruchteil dessen, was die Konkurrenz verlangt – und ist um Längen besser. Daneben zwei weitere Jahrgänge des gleichen Weins. Sie sind … enttäuschend. Der Winzer schaffte diese Qualität nur einmal, danach nie wieder. Ein Zufallstreffer. Vielleicht wusste er nicht, was er richtig gemacht hatte. Oder er wandte dasselbe Rezept bei völlig verschiedenen Jahrgängen an. Aber so läuft es nicht. Vielleicht beim Backen, aber nicht beim Wein. In den meisten Berufen, ja sogar im Profifußball, hat etwas enorm an Wert verloren: Erfahrung. Heute geht es stattdessen um Elan, Esprit – und das frischeste Wissen, das es auf dem Markt gibt. Selbst bei Ärzten. Wem vertraut man heute eher? Einem jung-dynamischen, der mit den neuesten Erkenntnissen von der Uni kommt – oder einem alten Hasen, der so operiert, wie es immer schon funktioniert hat? Sie zögern, oder? Am liebsten hätte man, die beiden würden die Sache gemeinsam in die Hand nehmen, gleichberechtigt.

Im Computerbereich erneuern sich Programme, Speicher, Hardware unablässig. Erfahrung ist unnütz, denn sie ist innerhalb kürzester Zeit an verschwundene Technik gebunden. Im

Weinberg dagegen zählen die Rebstöcke, und die sind einfach am besten, wenn sie alt sind. Natürlich ändert sich auch in der Welt des Weins viel – aber das Wichtige bleibt doch bestehen. Denn es wurzelt tief. Der Duden definiert »Erfahrung« geradezu poetisch: »Erleben, Erlebnis, durch das jemand klüger wird«. Das Wort stammt aus dem Mittelhochdeutschen, von »Ervarunge«, was auch Durchwanderung und Erforschung bedeutet. Passt wunderbar zum Winzer, der seine Weinberge durchwandert. Ich traue grundsätzlich nur Weinbauern, deren Haut sonnengegerbt ist. Weil sie ihre Wingerte stets aufs Neue erforschen. Meist erlernt man erst nach vielen Jahrgängen die Gelassenheit, um wirklich etwas sein zu lassen und eben nicht einzugreifen. Kontrolliertes Nichtstun ist keine Tugend der Jugend. Natürlich gibt es auch unter Winzern Mozarts – doch selbst diese werden mit der Zeit noch besser. Nur Erfahrung schafft konstant große Weine, jedes Jahr. Dabei haben Winzer vergleichsweise wenig Zeit zu lernen. In jedem Jahr gibt es halt nur einen einzigen Jahrgang, dessen Klima noch dazu einzigartig ist, bei dem man lernen kann, an welchen Stellschrauben zu drehen ist. Das Ergebnis, aus dem man Erkenntnis zieht, versteht man vielleicht erst nach Jahren. Man sollte also besser schnell lernen, so viele Schüsse hat man nicht frei. Erfahrung ist im Weinbau schlicht unbezahlbar.

Ich freue mich am Chardonnay aus dem gelungenen Jahrgang, die Flasche ist rasch leer. Leider wird beim nächsten Chardonnay des Winzers alles anders. Bis genügend Erfahrung da ist. Dann erst wird das Wichtigste etwas weniger anders: die Qualität.

24
Der Name der Katze

In alten, feuchten Weinkellern findet man manchmal den Schimmelpilz *Zasmidium cellare*. Er kann nur bei sehr hoher Luftfeuchtigkeit von mindestens achtzig Prozent entstehen und gilt als Indikator optimaler Kellerverhältnisse. Wegen des fellartigen Aussehens wird er auch »Kellerkatze« genannt.

Aber um solch eine Katze geht es hier nicht.

Einer Legende zufolge sitzt die Hauskatze eines Weinguts immer auf dem besten Fass und schleckt die Tropfen vom Spundloch auf.

Aber auch um solch eine Katze geht es im Folgenden nicht.

Sondern um einen kleinen Kater, der plötzlich in meinem Haus war, das Fell cremefarben, mit breiten hellbraunen Streifen. Er hatte mächtige Tatzen und lange Beine. Nur, wie sollte er heißen? Ein Name, der mit Wein zu tun hat, musste es sein, so viel war klar. Nachdem einer unserer Kater zuvor wie ein Whisky geheißen hatte, Macallan nämlich, weil ein 25-Jähriger dieses Speyside-Tropfens mich tief beeindruckt hatte. Diesmal also: Wein! Doch welcher Wein passt zu einem Kater? Mein erster Gedanke: Riesling. Aber geben wir es zu, Riesling klingt irgendwie nicht nach einem richtigen Namen. Andere Lieblingsreben: Pinot Noir? Abgekürzt zu Pinot? Ja, schon, nur sollte es dann nicht eine rote Katze sein? Geht also auch nicht. Chardonnay ist zu lang, Nebbiolo ebenso. Aber Italien ist gut, das Land assoziiert man schließlich mit streunenden Katzen. Barolo und Barbera sind hervorragende Namen, jedoch eher für schwarze Kater. Oder Zwergbären.

Also weitersuchen: Chasselas? Fendant? Trollinger? Ja, manchmal sah er schon trollig aus, oder eher: drollig. Aber Drollinger gibt's ja leider nicht. Die Rebsorte Regent spiegelte den Herrschaftsanspruch des kleinen Katers gut wider. Darin sollte man eine Katze allerdings besser nicht bestärken! Es musste zudem ein Name sein, den ich immer wieder gern rufe. Eine verlässliche Größe. Und ein Wein, den ich gerne trinke – denn zur Taufe sollte es eine Flasche davon geben. Das wollte wohlüberlegt sein! Also ging ich die Lieblingsweinlagen und Appellationen durch: Scharzhofberger! Dézaley! Abtserde! Visperterminen! Wildenstein! St. Paul! Nee, nee, nee und nee. Wenn ich ein Zierschwein hätte, wäre Wildenstein super, da würde kein Weg dran vorbeiführen. Aber dieser kleine Kater? Der unentwegt schnurrte? Und sich so elegant sonnte?

Etwas Französisches vielleicht? Romanée-Conti? Meursault? Der Kater schien nicht überzeugt, als ich ihm die Namen zurief, ja, er leckte sich stattdessen gelangweilt am Allerwertesten. Signal verstanden. Was passte also zu einem so kuscheligen, süßen Kater? Kuschelig und süß? Das war es! Süß musste der Tropfen sein! Ich versuchte es mit Tokajer. Nichts. Eiswein? TBA? Banyuls? Pedro Ximénez? Vin Santo? Einfach nur Santo? Der Kater warf mir einen verächtlichen Blick zu. Alles nicht gut genug für ihn. Er stand auf und plusterte sich zu voller Fellknäuelgröße auf. Okay, ich wusste, was er wollte. Sauternes? Sieh an, da fing er an zu schnurren – aber die volle Glückseligkeit war das noch nicht. Also volles Kaliber: d'Yquem (ausgesprochen »di'kɛm«)? Nicht irgendein weißer Bordeaux, nein, kein trockener noch dazu, sondern ein edelsüßer, eigentlich der Edelsüße schlechthin, aus den Rebsorten Semillon und Sauvignon Blanc, wie es in der legendären Region üblich ist.

Und wer kam da plötzlich schnurrend an, reckte das Schwänzchen? War das der kleine Yquem? Und er wollte das Köpfchen gekrault bekommen? Ja? Yquem, du kleiner Räuber! Also Yquem. Passte auch farblich perfekt. Und ich hatte zufällig eine passende Flasche im Keller, die bereits seit längerer Zeit getrunken werden wollte.

Dieser wunderbare Kater ist schon lange in die ewigen Jagdgründe eingegangen. Aber immer, wenn ich jetzt einen Château d'Yquem trinke, muss ich an ihn denken und höre leise sein Schnurren. Weinnamen sind deshalb ohne Frage die besten Namen.

25 Was Mickey Mouse so trinkt …

Disneyland Paris. Mir tun die Füße weh vom Tag im Park. Ich will nur noch schlafen. Doch »Buffalo Bill's Wild West Show« steht auf dem Plan – die Kinder haben es sich gewünscht. Ich gebe mir die Sporen und beschließe, das Event als kulinarische Herausforderung zu sehen, schließlich ist es ein Dinnershow-Spektakel. Vielleicht gibt es ja sogar Wein? Zu einer Wildwestshow habe ich bislang noch nie welchen getrunken.

Die erste Belastung muss ich beim Betreten erfahren: Jeder bekommt einen Cowboyhut aufgesetzt. Die Farbe des Bandes bestimmt, welchem Ranchteam man die Daumen drücken muss. Ich bin blau. Passt ja. Man sitzt übrigens rund um eine Arena an Tischen, am Ende ist eine Wildwest-Steinformation aufgebaut. Ich komme mir vor wie Pierre Brice.

Die gute Nachricht: Es gibt Wein! Sogar eine Auswahl an Weinen. Ich will den des einfachen Entenhauseners trinken und entscheide mich für den günstigsten, bei dem zumindest eine Rebsorte genannt wird. Ich hatte schon geahnt, was es sein würde. Was saufen die Massen? Cola! Was ist die Cola der Weinwelt? Merlot! Tut keinem weh. Keine Ecken, keine Kanten, dafür Weichheit, Frucht und Süße. Aber zu einer Wildwestshow? Wenn Disney meint, dass die Rebsorte dazu passt, weiß der Konzern vielleicht mehr als ich. Während Buffalo Bill seine Runde dreht, kommt der erste Gang: Cattleman's Chili. Null Schärfe. Weicheier, diese Cattlemen! Dazu der Merlot. Ist das wirklich Wein? Schmeckt wie Fruchtsaft undefinierbarer Beerenfrüchte. Anders ausgedrückt: Geht gar nicht. Nix für Cowboys. Mickey und seine Freunde tauchen auf. Und tanzen. Mir ist danach, mich zu betrinken. Es werden aufgetragen: Old Style Potato Wedges, dazu Fleisch verschiedener Tiergattungen. Leider nicht vom Büffel. Es gibt auch dünnes Bier. Das passt besser als der labberige Merlot.

Die Lichtstimmung wechselt, die Büffel kommen. Und mit ihnen Büffelgeruch. Er steigt wie ein starkes Parfum in die Nase, das ein testosterongefluteter Irrer zusammengeschüttet hat. Vielleicht ist es genau das, was der Merlot gebraucht hat? Ich atme also Büffel ein und nippe am Merlot. Nein. Wirklich: nein. Die Medizinmänner fangen an zu singen, mir wird Bier nachgeschenkt, und der Nachtisch rauscht heran: Warm Apple Dessert with Vanilla Ice Cream. Ich gebe dem Merlot noch eine Chance. Es ist nur eine kurze, schmerzvolle. Vor meinem geistigen Auge tauchen all die großen Merlots auf, die ich genießen durfte, Masseto, Pétrus, Galatrona, Grand Merlot …, und ich werde wehmütig. Außerdem hat meine Ranch verloren. Ein wilder junger Tannat, der kratzt und beißt, das wäre Wilder Westen im Glas, oder eine der vielen autochthonen Rebsorten Italiens mit Würze und so viel Alkohol, dass Whiskey läppisch dagegen aussieht. Yihaaa!

26
Wie kommt der Schrank ins Glas?

Ein wundervoller Wein ist wie eine Kur für unsere Nase. Diese darf dann köstlichste Aromen in sich aufsaugen, die sie in solcher Schönheit und Sinnlichkeit, in solcher Balance vielleicht nie zuvor erschnuppern durfte. Weintrinken ist Wellness für unseren Geruchs- und Geschmackssinn. Sehr zu meinem Leidwesen nicht auf Rezept – es handelt sich halt um eine alternative Heilmethode. Schließen wir beim Weingenuss die Augen, sind wir mit einem Mal auf den sanften Hügeln der Toskana oder wandeln den Jakobsweg entlang durch die Rioja. Oder wir stecken in Omas altem Schrank. Und da wollen wir nun wirklich nicht rein.

Vor Kurzem war ich bei guten Freunden zu einer Weinprobe eingeladen. Sie hatten sich viel Mühe bei den Speisen und der Auswahl der Weine gegeben. Und beim ersten Reinschnuppern ins Glas dann: Schrank. Prächtigster, mundfüllender Schrank. Es blieb der Gastgeberin nicht verborgen, denn der Übeltäter war ihr gut bekannt. Früher rieb sie ihn liebevoll mit Möbelpolitur ein, seitdem schien es ihm ein inneres Bedürfnis, die in ihm stehenden Gläser mit seinem Geruch zu beglücken. Die Dame des Hauses versuchte alles: lange Lüftung, Abschrubben mit neutraler Seifenlauge, Kaffeesatz rein, später ein Schälchen mit Zitronenwasser – der Schrank machte munter weiter mit seiner Duftimprägnierung. Es war ein teurer Schrank und hübsch dazu, die gute Qualität des Holzes war im Wein durchaus wahrnehmbar. Nur vom Wein selbst, einem Domaine de Trévallon, war nichts mehr übrig.

Es gibt sicher Weine, die davon profitieren, wenn sie aus Gläsern solch eines Schranks genossen werden. Ja, auf diese Weise kann sich die Anschaffung des Möbelstücks sogar schnell amortisieren. Denn wer gerne Holz in seinem Glas riecht, kann zukünftig billigere Weine kaufen und bekommt den Barriquetouch vom Schrank. Natürlich gibt es große Unterschiede bei der Geschmacksnote Schrank. Neue Schränke zum Beispiel sind besonders freigiebig mit ihren Aromen, während sich bei alten ein feiner Moderton dazugesellt, auch ein Hauch Holzwurm ist für Abenteuerlustige drin. Das gilt es auszuprobieren und zu entdecken!

Ursprünglich war ein Schrank übrigens ein kastenartiger Behälter, in dem Priester sakrale Gegenstände aufbewahrten. Und was sind Gläser anderes als unsere sakralen Gegenstände, um Gott Bacchus anzubeten oder zumindest zu feiern? Sie gehören also rein kulturhistorisch in einen Schrank, ob der nun müffelt oder nicht.

Übrigens löst Auswaschen der Gläser mit klarem Wasser das Problem vor der Weinprobe in der Regel im Handumdrehen. Alles wieder bereit für die Nasenkur.

27
Macht Genuss weise?

Rohe Putenbrust. Das war das Lieblingsessen meines Katers Yquem. Er war die dritte Generation Katze im Haus, und alle drei Generationen waren sich einig: Rohe Putenbrust ist das Höchste. Ich teile Yquems Geschmack nicht, aber ich bin ja auch kein kleiner, verfressener Kater.

Szenenwechsel: eine Probe mit zehn Jahre gereiften Pinot Noirs. Allesamt – auch von mir – hoch bewertete Flaschen. Die allermeisten Bewertungen sind nachvollziehbar, einige Tropfen sogar in Größe gealtert, ja, sie haben mit der Zeit gewonnen. Manche Weine sind so filigran, dass sie in ihrer Jugend gegen die Brummer keine Stiche machen konnten – heute dagegen haben sie die Nase (im wahrsten Sinne des Wortes) vorn. Auch weil wir nun wissen: Wein muss zum Trinken animieren, muss länger als für die Dauer eines Glases Spaß machen.

Andere Weine … sagen wir es so: Leichen sind unschön, sowohl in Horrorfilmen wie in Weinform. Einige Weine sind Bodybuilder, aus deren Muskeln die Luft entwichen ist, bei anderen Weinen dachte man vor Jahren, das Holz vom Barrique würde sich charmant einbinden. Öffnet man heute die Flasche, riecht das Ganze nur noch nach Holzsud. War man blauäugig oder zu optimistisch? Oder mochte man das damals einfach?

Ein Winzer verpasste seinen Weinen – ob freiwillig oder unfreiwillig – eine Familienpackung flüchtige Säure. Damals war das sexy, weil kaum andere Weine diesen Ton aufwiesen, der eigentlich als Weinfehler gilt (und die jugendliche Frucht diese Note ausbalancierte). Heute ist die Frucht weg, und man fragt sich: Wie konnte ich das einst bloß so hoch schätzen? Meinem Kater wären solche Patzer bei der qualitativen Einschätzung einer Putenbrust nie passiert! Yquem wusste von Anfang an, was ihm schmeckt. Er musste nicht darüber nachdenken. Allerdings reift rohe Putenbrust auch nicht so unterschiedlich heran wie Wein. Aber ist es tatsächlich nur die Zeit, welche die Wahrheit ans Tageslicht bringt? Oder trifft ein anderes Wort es eher? Das Wort – und mein Kater schaute mich mit großen Augen an, als ich es vor ihm aussprach (was aber auch daran liegen kann, dass er damals wie immer Hunger hatte) – ist »Trend«. Wieso sollte vor Wein haltmachen, was auf Autos, Mode oder Kulinarik so großen Einfluss hat? Von wem geht der Trend aus? Machen Kritiker Trends? Gegen den Geschmack von Winzern und Weingenießern? Unmöglich. Wir alle machen Trends. Zusammen. Niemand wäscht seine Pfoten, Pardon, Hände in Unschuld!

Aber vielleicht sind es auch gar keine Trends. Vielleicht ist es eine Entwicklung des Geschmacks, ein gesamtgesellschaftliches Verstehen von Weinstilen, das nur auf eine Art und Weise erreicht werden kann: Wein über Jahre trinken und beobachten, was einen an diesem magischen Zeug eigentlich so fasziniert. Hart ertrunkene Gewissheiten! In der Hoffnung, dass wir mit den Jahren nicht nur älter, sondern auch ein bisschen klüger werden.

28
Exotik? Um die Ecke!

Indiana Jones trieb es zum »Tempel des Todes«, auf den letzten Kreuzzug oder zum Kristallschädel – die Abenteurer unter uns Weingenießern trinken Tropfen aus Brasilien, China oder Israel. Und gäbe es Riesling aus Papua-Neuguinea und Pinot Noir aus Grönland, wir würden ihn probieren. Das ist der Marco Polo in uns, der unerschrockene Entdecker. Aber manchmal reist der Bursche unnötig weit. Manchmal findet sich Exotik nämlich um die Ecke.

So ging es mir, als ich zu einer Lesung ins wunderschöne Landesmuseum Liechtenstein eingeladen wurde. Ich dachte bei diesem Staat, ich geb's ja zu, nur an eins: Banken. Dass Hilti von hier stammt, dass Fürst Hans-Adam II. Staatsoberhaupt ist, war an mir bisher vorbeigegangen. Liechtenstein, das lag irgendwo zwischen der Schweiz und Österreich, also vermutlich war es bergig, um nicht zu sagen alpig, und vor allem: von überschaubarer Größe. Aber siehe da: Dort wächst Wein! Am Rhein! Seit über tausend Jahren! Im sechstkleinsten Staat der Erde, der rund zur Hälfte aus Gebirge besteht. Vier Berufswinzer gibt es und rund 180, die dem Weinbau im Nebenerwerb nachgehen. Das musste ich natürlich probieren.

Es ging zur Hofkellerei des Fürsten von Liechtenstein in Vaduz – ins »Rote Haus«. Kellermeister Gerhard »Geri« Büchel zeigte mir den Keller und ließ mich mit erkennbarem Stolz und sonnig guter Laune von den Fässern probieren. Und die Weine machten richtig Spaß. Zuerst kam Chardonnay, später dann Pinot Noir ins Glas. Zwar keine großen Weine, nichts, was den Granden aus der nahen Bündner Herrschaft Angst einjagen würde, aber Tropfen, die sich wunderbar trinken, die leicht im Alkohol und elegant in der Frucht sind.

Besonders gut lassen sie sich im kleinen Barriquekeller des Gutes verkosten, einem echten Schmuckstück. Darin unter anderem: ein 110-Liter-Fass, das Büchel einst gemeinsam mit Kollegen zwei Meter tief vergrub – inklusive Wein. Und ein Jahr dort ließ. Der fertige Wein trug den Namen »Mysticus«. Wer hätte gedacht, dass Liechtensteiner so verrückt sein können? In einer Ecke dann ein kleines Fass mit köstlichem Marc.

Leider frisst sich in Liechtenstein das Bauland in die Weinberge. Deshalb schnell hin, bevor wir nach Papua-Neuguinea müssen, um derlei erfreulich-exotische Entdeckungen zu machen.

29
ABC? CBA!

Man traut es sich ja fast nicht mehr laut auszusprechen, doch es muss gesagt werden: Ich mag Chardonnay, nein, falsch, ich *liebe* Chardonnay. Und kriege daher Magenkrämpfe bis hin zum völligen Kollaps, wenn mal wieder jemand »ABC« sagt: »Anything But Chardonnay«. Dieser Witz ist alt, sein Bart reicht schon um den Erdball – aber er hält sich wie ein unangenehmer Sprachfehler. Tourette für Wein, das ist er. Und stammt aus Zeiten, als die arme, sensible Traube eins mit Eichenholz auf den Kopf bekam, bis sie keinen Mucks mehr von sich gab. Es mag jetzt für einige überraschend kommen, doch Winzer sind durchaus in der Lage, aus Fehlern zu lernen.

Für mich gibt es wenig Schöneres, als einen großen Chardonnay zu trinken, einen Meursault oder einen Montrachet – wenn es die Portokasse mal zulassen sollte. Um hier nicht den Eindruck eines Chardonnay-Snobs zu erwecken: Ich liebe auch die Tropfen von Gantenbein, Grünenfelder, Huber, Rebholz, Ridge, Au Bon Climat oder Penfolds. In meiner Chardonnay-Liebe bin ich global. Wobei ich Tropfen von kalkigen Böden im Zweifelsfall den Vorzug gebe.

Jetzt werden sicher einige einwerfen, dass es unzählige belanglose Weine aus der Rebsorte Chardonnay gibt. Ich aber erwidere darauf: Die Rebsorte, aus der *keine* belanglosen Weine gekeltert werden, soll sofort aufstehen und laut »Ichichich!« rufen oder für immer schweigen! Stille? Dachte ich's mir doch.

Dem Trend zuliebe eine Rebsorte zu missachten ist schlicht und ergreifend grausam und einem Weingenießer nicht angemessen. Gewähren Sie dem Chardonnay wieder Eintritt in Ihren Mund, egal, wie köstlich Riesling, Pinot Gris oder Chasselas sein mögen. Der Chardonnay hat es verdient, Ihren Gaumen durchwandern zu dürfen. Wie anschmiegsam ist er bei einem Menü, wie flirrend beim Käseteller, fast möchte man es eine Liebesaffäre nennen. Deswegen sage ich: ABC ist vorbei, CBA ist angesagt! »Chardonnay, Bottle, As soon as possible!« Am besten laut gerufen. Keine Scheu. Was rausmuss, muss raus. Der Chardonnay ist eine der großen Weißweinreben der Welt, Straßen und Neugeborene sollten nach ihm benannt werden.

Und wenn Ihnen wieder mal eine dieser ABC-Nervensägen über den Weg laufen sollte, verabreichen Sie ihr eine Flasche Spitzenchampagner Blanc de Blancs (der ist schließlich aus Chardonnay), wenn's nicht anders geht, auch intravenös. Das Zeug wirkt immer. Ein Weingenießer muss manchmal auch zur Missionierung bereit sein, schließlich ist Wein das Geschenk Gottes an den Menschen schlechthin. Um nicht zu sagen: der flüssige Gottesbeweis.

30
Die Champagner-Drücker

Wir kennen es alle aus leidiger Erfahrung: Kaum haben wir das Spitzenrestaurant betreten und sind zu unserem Tisch geleitet worden, kommt schon jemand lächelnd an und fragt, ob man uns mit einem Aperitif begrüßen dürfe. Es klingt fast so, als wollten sie einem etwas ausgeben. Aus Nettigkeit. Über Geld wird natürlich nicht geredet. Nein, sie zählen nur auf, welche Köstlichkeiten gleich ins Glas fließen könnten, und blicken uns erwartungsvoll an. Seien wir ehrlich: Das ist eine ganz linke Tour! Denn natürlich wissen die Livrierten: Niemand sagt zu Beginn eines Gesprächs gerne »nein«. Es fühlt sich schließlich so an, als schlage man jemandem eine Bitte ab, den man gerade erst kennengelernt hat – und mit dem man einen netten Abend verbringen will. Und genau darauf setzen sie! Diese Champagner-Drücker!

Nicht, dass wir uns falsch verstehen: Ich liebe Champagner und bin heilfroh über jede Gelegenheit, einen guten, perfekt gekühlten trinken zu dürfen. Aber zu einem großen Essen komme ich vorbereitet. Mit anderen Worten: hungrig. Mein Magen ist völlig leer. Fließt dann der Champagner den Rachen hinunter, nimmt er sogleich die erste Abfahrt Richtung Großhirn. Und ich bin innerhalb von Sekundenbruchteilen beduselt. Und leicht schläfrig. Ich habe nichts gegen diesen angenehm schwebenden Zustand – nur nicht gleich zu Beginn. Der Abend ist lang. Irgendwann, um den Hauptgang herum, fände ich ein Glas Champagner genial. Zum Wiederbeleben, und zwar des Magens. Oder zum Dessert, als Abschluss ein kleines Gaumenfeuerwerk. Aber zu Beginn fühlt es sich manchmal wie ein K. o. in der ersten Runde an. Wie schön ist es, wenn Restaurants eine Aperitifkarte haben und sie einem reichen, bevor die heimtückische Frage gestellt wird. Das ist nämlich ein echter Ausweg aus der Misere. Deshalb wird er uns auch viel zu selten eröffnet.

Doch jetzt habe ich endlich die Lösung gefunden. Nie mehr wird mich die Aperitiffrage aus der Bahn werfen, diese gastronomische Klippe ist ein für alle Mal umschifft. Erkundigt sich der Sommelier beim nächsten Mal nach dem Aperitif, frage ich einfach sofort zurück. Und zwar: »Könnte ich gleich einen Blick in die Weinkarte werfen?« Der Sommelier nickt. Denn er spürt: Der Mann am Tisch weiß, was Durst bedeutet. Er hält sich nicht mit einem mickrigen Gläschen auf, er will gleich eine ganze Flasche. Aus solchem Holz ist er geschnitzt. Respekt! Beeindruckender Bursche. Der ringt sicher auch Elefanten mit bloßen Händen nieder. Und ich habe nicht »nein« sagen müssen.

31
Wein, schizophren

Wenn wir uns einen Winzer malen könnten, wäre es wohl ein Handwerker, der alles selbst erledigt, gleichzeitig Künstler und Terroirphilosoph ist und nur mikroskopische Mengen erzeugt, die wir uns aber noch gut leisten könnten. Wir wollen das Seltene, das nur uns gehört. Wie in der Schulzeit, als wir Bands suchten, die nur wir und vielleicht unsere besten Freunde kannten und liebten. Von Distinktionsgewinn spricht da die Soziologie. Wir wollen uns von der Masse unterscheiden, einzigartig sein – auch durch unseren Weingenuss. Mit einem Wein in stratosphärischer Auflage gelingt das natürlich nicht. Trotzdem fahren wir auf Spitzenbordeaux und Markenchampagner ab und misstrauen der Qualität von Genossenschaftsweinen oder großen Erzeugern wie Torres oder Mondavi. Weil: entweder Qualität oder Quantität. Das ist nichts anderes als schizophren – und ungerecht noch dazu. Denn es ist eine Wahnsinnsleistung, herausragende Weine in großer Menge zu produzieren, und noch schwieriger, Wein mit Persönlichkeit, von dem es mehr als nur ein paar Tausend Flaschen gibt. Doch manchen gelingt es. Sie verdienen eigentlich stehende Ovationen.

Dennoch ist uns Massenwein zu gewöhnlich. Und genau das wollen wir nicht sein. Wir wollen nicht das trinken, was

Pöbel und Prekariat in sich hineinschütten – obwohl wir beim Discounter die gleichen Lebensmittel in unsere Einkaufswagen werfen. Aber da sind es ja clevere Schnäppchen. Wenn schon Massenwein, dann einen, den die Reichen weltweit mit uns teilen. Bei einem Lafite ist egal, wie viele ihn trinken; den teilen wir uns gern mit den Millionären. Wir sind mittendrin statt nur dabei – obwohl wir einen alten VW Passat fahren und kein Privatkonto auf den Cayman Islands haben. Mit diesen Widersprüchen leben wir sogar ziemlich gut, besonders wenn wir einen grandiosen Wein im Glas haben.

Wein, und deshalb lieben wir ihn so, ist eben viel mehr als ein Getränk. Wir sind nicht, was wir essen, wir Weingenießer sind, was wir trinken. Wir wollen authentisch sein, kraftvoll, wild oder edel und hochfein, manchmal gar erotisch wie französische Brause. Unser Weinkeller fungiert dabei als Unterbewusstsein, das wir je nach Laune mit neuen Eigenschaften füllen können. Vielleicht fällt es deshalb so schwer, einige Flaschen davon zu leeren. Dann wären sie nämlich weg – und man selbst um einige Eigenschaften ärmer. Bei einer alten Mosel-Auslese von Studert-Prüm um Weisheit und Standvermögen, beim Heida aus Visperterminen um die alpine Tauglichkeit. Also lieber Bier? Nein, Wein. Schizophren.

32 Vom Glück des Literweins

Vor Kurzem habe ich ein schönes Wort im Radio gehört: Erwartungsinflation. Es beschreibt unangemessen hohe Erwartungen, die dann enttäuscht werden. Also wenn der Urlaub nicht so toll ist wie gedacht, die Karriere nicht läuft wie erwartet oder das Leben ganz allgemein ein großer Reinfall ist – obwohl Muttern immer sagte, dass man es zu etwas bringen werde. Dann wird man unglücklich. Und ich dachte: »Wie beim Wein.« Sind es nicht die Legenden, die Allergrößten unter den ganz großen Weinen, die einen am meisten enttäuschen können? Denn die Erwartungen an diese Tropfen sind überirdisch, man erwartet Ekstase im Glas oder zumindest flüssige Erleuchtung – und bekommt einen Wein. Vielleicht einen sehr guten, aber man hatte eben mehr erwartet. Und wird knallhart zurück auf den Boden der Tatsachen katapultiert.

Große Burgunder und Champagner haben mir einige der enttäuschendsten Weinproben beschert, Literweine dagegen einige der glücklichsten. Und für Letztere habe ich deutlich weniger bezahlt. Ich sollte mir eigentlich saublöd vorkommen. Aber ich verbuche es als wichtige Erfahrungen. So ist das Leben halt, warum sollte es ausgerechnet beim Wein anders sein? Erwartungsinflation überall. Erwartungsdeflation dagegen bei Weinen, die noch kein Kritiker bewertet hat, die überhaupt niemand außer den Leuten vor Ort kennt, von denen man nichts erwartet, die einen dann aber positiv überraschen. Die haben wir selbst entdeckt, sie sind unser Schatz, unser Geheimnis. Vielleicht erklärt das auch das Urlaubsphänomen. Wir essen in einer schäbigen Adriabude eine knauserig belegte Pizza und bestellen den Hauswein. Wir erwarten: rotes Wasser. Wir bekommen: einen ordentlichen Tropfen. Und der Abend ist gerettet. Wir laden den Wagen mit dem Gesöff voll, und beim ersten Schluck zu Hause fragen wir uns, ob wir einen Sonnenstich hatten, an Geschmacksverirrung litten oder schlicht zu besoffen waren, um zu merken, was da in unserem Glas schwappte. Aber zu Hause ist eben auch das Meer nicht vor der Haustür, und statt Sonne gibt es Regen.

Falls er zu Hause doch schmeckt, können wir den Schatz von Belpaese auch unseren Freunden präsentieren. Das ist ohnehin deutlich günstiger, als eine Buddel Château Lafite zu köpfen, die sowieso nicht zur Pizza Tonno passt. Heißt das jetzt, dass wir ab sofort nur noch günstige Weine von völlig unbekannten Winzern kaufen sollten? Nicht nur, aber wir – und Sie – sollten ruhig häufiger mal was ausprobieren. Es könnte Sie, wider Erwarten, glücklich machen.

33
Mythos Discounter-Schampus

Lassen Sie uns gemeinsam eine hartnäckige Legende aus der Weinwelt vertreiben. Stehen Sie bitte auf, heben die rechte Hand in die Luft, legen die linke auf die Bibel und sprechen mir nach: »Discounter-Champagner schmeckt nicht gut!« Und noch einmal, ganz laut, bis es auch der letzte Nachbar gehört hat! »Discounter-Champagner schmeckt nicht gut!« Elon Musk wäre neidisch auf meinen Reichtum, wenn ich für jede Frage nach der Güte des Sprudlers von einem bekannten Discounter einen Euro erhalten hätte. Dabei reicht ein einziger Schluck, um das Gegenteil zu wissen, nein: zu fühlen. Die eigenen Geschmacksnerven geben einem eindeutige Zeichen. Sie schreien auf oder wandern gleich aus in die Champagne. Ja, er kostet auch nicht so viel wie »richtiger« Champagner – aber er ist sein Geld auch nicht wert. Lieber einen guten Winzersekt kaufen, einen Crémant oder einen wirklich guten Champagner. Denn guter Champagner beweist, warum Gott uns Mund und Nase verliehen hat. Nicht zum Küssen oder um verdorbene Lebensmittel frühzeitig erschnuppern zu können. Sondern um einen Hauch von Himmel in uns aufnehmen zu dürfen. Ja, so hoch stapele ich, denn Champagner ist neben englischer Orangenmarmelade einer der stichhaltigsten Gottesbeweise. Genau deswegen macht es mich ja so traurig, dass Abertausende Gaumen mit Discounter-Champagner geeicht wurden.

Ich weiß, warum sich die Legende so zäh hält: weil sie zwei unglaublich starke Marken vereint. Der Discounter hat den Ruf, gute Qualität zum kleinen Preis zu bieten, und Champagner das Image, immer und überall das luxuriöseste Blubberwasser des Planeten zu sein. Das ist Brand-Power in Potenz. Diese Verbindung wird unzerstörbar sein, für immer. Genauso wäre es, wenn der Discounter Kaviar oder einen Porsche im Programm hätte – selbst wenn jener aus Wellpappe zusammengeklebt wäre. Es ist, als sei diese Verirrung auf jede Großhirnrinde tätowiert: Wenn ein Champagner bei diesem Discounter im Regal steht, *muss* er gut und günstig sein. Das wäre so, als würde man glauben, Red Bull sei ein Gesundheitselixier, weil es das Zeug im Ökosupermarkt gibt. Oder dass Frolic ein leckerer Snack sei, weil die Pakete neben den Chips gestapelt sind.

Ich habe mehrfach die Probe aufs Exempel gemacht und einmal den Discounter-Schampus sogar mit einem – zugegeben bedeutend teureren Champagner – in eine Blindprobe gestellt: einem Roederer Cristal. Dann habe ich mir einen überzeugten Biertrinker genommen und geprüft, ob er den Unterschied bemerkt. Und was kam heraus? Sagen wir so: Der Proband brauchte nicht eine Sekunde darüber nachzudenken, welches Blubberwasser teurer ist. Trotzdem gewinnt der Billigchampagner immer mal wieder Wettbewerbe. Der Trick geht so: Der Discounter-Champagner stammt nicht aus einem bestimmten Champagnerhaus, sondern ist eine Eigenmarke, unter der bei verschiedenen Produzenten aufgekaufte Champagner abgefüllt werden. Mal ist ein guter darunter, mal ein schlechter. Der Kunde weiß das vorher nicht. Bei Wettbewerben werden stets die guten eingereicht. Cleverer Schachzug, keine Frage. Wer aber einmal einen richtig guten Champagner trinken möchte, sollte es lieber woanders versuchen.

34 Die Lagrein-Giraffe

Würden Sie eine Giraffe in die Arktis stellen? Zugegeben, das sieht für einen Moment irre neu und faszinierend aus – aber der Giraffe würde es kaum gefallen. Bei einigen Rebsorten kommt es mir genauso vor. Was in Region A wunderbar wächst und gedeiht, krüppelt in Region B vor sich hin. Doch immer wieder pflanzen Winzer Sorten an, von denen in ihrem Land kein Sommelier je gehört hat. Und wenn es sich nicht um die Big Five handelt – Cabernet Sauvignon, Merlot, Syrah, Chardonnay und Sauvignon blanc –, ist es schiere, wirtschaftlich unsinnige Neugier.

Finde ich sympathisch.

Deswegen probiere ich solche Weine auch. Im Idealfall findet eine Sorte einen neuen Ausdruck. Ich liebe Malbec aus Argentinien, Cabernet aus Chile und Shiraz aus Australien. Aber Lagrein aus Kalifornien? Diese Giraffe muss nicht frieren, dieses Vieh wird fett. In diesem Fall: 15,2 Volumenprozent Alkohol. Der Wein: ein Santa Barbara Winery: Joughin Vineyard Lagrein (Santa Ynez Valley). »A Beef Lover if there ever was one«, hat Weinmacher Bruce McGuire hinten draufgeschrieben. Selbst in Südtirol, der Heimat des Lagreins, sind gerade einmal gut 500 Hektar von rund 5500 Hektar mit dieser Rebsorte angebaut. Nicht unbedingt ein Local Hero. McGuire hat auch Nebbiolo, Primitivo und Sangiovese im Anbau. Eine Italienreise im Weinberg. Spart Flugkosten. Aber natürlich ist das nicht Italien und auch kein italienischer Wein. Es ist eine Erinnerung an Italien, vielleicht wie ein italienisches Gewürz an heimischen Speisen, so etwa wie Hamburger mit Oregano. Aber wenn dann zwei Generationen lang so gegessen wird, gilt es als Tradition. Ob dieser Wein der stolze Begründer einer großen kalifornischen Lagrein-Tradition sein wird? Die Giraffe, die überlebt?

Ölig fließt er ins Glas, so muss Drachenblut ausgesehen haben, schwarz wie die Nacht. Dann treffen mich drei harte Punchs: die Tannine, der Alkohol und die enorme Fruchtsüße. Mein Gaumen geht k. o. Ich mag die Idee dieses Weines, ich mag, dass es ihn gibt, aber ich mag anderes lieber trinken. Ja, ich weiß: Wein führt manchmal zu übler Schizophrenie. Ach was, so übel ist die gar nicht. Es ist wahrscheinlich die mildeste Form der Schizophrenie. Und mit 15,2 Umdrehungen führt sie noch dazu zu einem geruhsamen Schlaf. Ich habe den Tropfen über eine ganze Woche getrunken, anders konnte mein Körper ihn einfach nicht veratmen. Es war eine denkwürdige Woche – mit viel gegrilltem Fleisch. An deren Ende ich dieser Giraffe tatsächlich etwas abgewinnen konnte. Sie mag keine Punkte haben, aber beeindruckend ist sie nichtsdestotrotz. Ich brauchte nur Zeit, um das zu begreifen.

35
Auf die Größe kommt es an

Waffennarren denken bei »Magnum« an besonders effektive Patronen, TV-Gucker der 1980er an einen Privatdetektiv, der im Gästehaus von Robin Masters lebt (und Ferrari fährt), meine Kinder ohne Umschweife an Eis und sehr wenige Menschen an einen Abschnitt des Legedarms bei Vögeln. Ich denke an Flaschen (*70). Große Flaschen. Magnum-Buddeln. Es mag teurere, berühmtere Weine in meinem Keller geben als die in den 1,5-Liter-Flaschen – aber nichts sendet mehr Vorfreude durch meine Nervenbahnen als »Das Große« (= *magnum,* lat.).

Letztens in Königswinter: Rotweinprobe, zehn Jahre alte Pinot Noir. Flaschen in Normalgröße (0,75 Liter) und zwei Magnums. Wenn ich schreibe, dass dazwischen Welten lagen, untertreibe ich: Galaxien, Universen! Frisch und jugendlich, trotzdem fein gereift und harmonisch die hochgewachsenen Jungs; teilweise weich in den Knien und ausgemergelt die »Normalos«. Wie oft habe ich schon Vergleichbares erlebt. Die Magnums altern in Würde und Schönheit – am größten sind die Vorteile bei Schaumweinen. Natürlich bergen die Riesenflaschen auch ein Riesenproblem: Korkschmecker, die biblische Heimsuchung aller Weingenießer, vernichtet bei einer Magnum gleich die doppelte Menge. Deshalb ist diese Flaschengröße auch nur etwas für Pokerspieler mit Nerven aus Stahl: Der Einsatz ist hoch, aber der Gewinn auch. Erfreulicherweise benutzen viele Güter für Magnums außerordentlich gute Korken. Weiter so! Festzuhalten bleibt: 0,375-Liter-Flaschen sind ein Scherz, die Weine altern schneller als in einer 700-Watt-Mikrowelle. 0,75-Liter-Flaschen sind völlig in Ordnung, 1,5-Liter-Flaschen sind grandios; darüber hinaus ist der Sprung nicht mehr so riesig. Und mit elegantem Einschenken ist ab Dreiliterflaschen auch Schluss. Das sieht dann immer aus wie Reißen und Stoßen beim olympischen Gewichtheben.

Die Frage ist doch: Wie kommt es zu diesen signifikanten Unterschieden beim Wein? Sind es physikalisch-chemische Gründe, wie das perfekte Verhältnis von Luft zu Wein, die die Tropfen langsamer und harmonischer heranreifen lassen? Dass die Glaswände bei Großflaschen dicker sind und der Wein dadurch besser vor Lichteinflüssen geschützt ist? Dass der Einfluss von Temperaturschwankungen durch die größere Menge an Wein reduziert wird und dadurch der Alterungsprozess stabiler ist (weshalb die Unterschiede zwischen den Größen in einem perfekten Keller auch geringer bis unschmeckbar sind)? Oder haben wir es hier mit etwas ganz anderem, nämlich einem Fall von Zahlenmagie, zu tun? Die Dezimaldarstellung des Goldenen Schnitts, der auch als »Göttliche Teilung« bekannt ist, sieht so aus: 1,6180339887 ... Das liegt schon sehr nah an der 1,5, näher als an jeder anderen Flaschengröße. Hat Gott also seine Hand im Spiel? Wer eine ganze Pulle Magnum allein leert, glaubt ganz fest daran.

36 Die Zweieinhalb-Wein-Strategie

»Dürfen wir Ihnen unser begleitendes Weinmenü anbieten?«

Und schon geht der innere Kampf los. Au, ja! Bestellen! Bitte, bitte!, ruft ein Teil in mir. Überrascht mich! Zu jedem Gang der perfekte Wein! Herz, was willst du mehr? Aber der andere Teil in mir erwidert: Och, nö! Nur einen Wein. Nicht denken, nur genießen. Wie oft hast du schon erlebt, dass Kellerleichen ins Weinmenü geschmuggelt wurden, weil man die sonst nicht mehr wegkriegte? Willst du dich wieder wie ein Entsorgungsunternehmen fühlen?

Nein, will ich nicht. Ich musste zu Hause früher schon immer die Reste von den Tellern meiner Kinder essen. Das reicht. Und noch ein Problem habe ich mit Weinmenüs: Die Zeit pro Glas ist häufig viel zu kurz. Man lernt sich gar nicht richtig kennen, schwupps, schon kommt der nächste. Kein One-Night-Stand, ein One-Course-Stand. Und ich bin nicht so für die schnelle Nummer. Ich bin eher Weinromantiker: Man lernt sich langsam über den Abend kennen – und dann lässt man die Korken umso lauter knallen!

Ich liebe es, einen Wein über ein Menü hinweg »durchzutrinken«. Und meist wähle ich einen weißen Burgunder, den Allrounder schlechthin. Mit Vorliebe Meursaults, oh, ich liebe Meursaults, aber auch deutsche Burgunder und Rieslinge, gerne etwas gereift, gerne mit etwas Restsüße. Beim Italiener bestelle ich – falls vorhanden – einen Roero Arneis. Ich will den ganzen Abend an »meinem Wein« schnuppern, neue Nuancen entdecken, quasi in diesem Tropfen baden – statt nur kurz zu duschen. Um ein anderes Bild zu verhackstücken: Der Wein ist wie ein Schiff, das mich über die kulinarischen Wellen des Abends trägt. Mit manchen Gegebenheiten mag es besser, mit manchen schlechter zurechtkommen, aber es bietet mir eine sichere, vertraute Heimat.

Nur zum Hauptgang, da muss es ein Roter sein. Ein offener, mir egal welcher, passen muss er allerdings. Damit halte ich das Risiko in Grenzen. Wie beim Aktiendepot. Eine Bitte habe ich dabei: Sie sollen den Roten früh bringen, denn wir zwei wollen ja etwas Zeit miteinander verbringen, der Rote und ich.

Und zum Schluss spiele ich Sommelier-Lotto. Werde ich gefragt, ob ich einen Süßwein zum Dessert wünsche, antworte ich laut und vernehmlich mit »Ja!«. Falls nicht, trinke ich Wasser. Die Chancen stehen fifty-fifty. Aber wenn der Sommelier die Frage stellt, antworte ich pawlowsch, ja, ich belle fast die zustimmende Antwort.

Ein Allrounder über das Menü hinweg, ein Roter zum Hauptgang, und gegebenenfalls ein Süßwein zum Nachtisch: zweieinhalb Weine für ein Halleluja. Das ist für mich ein entspannter Abend.

37
Prüm ist Dylan

Da steht er vor mir. Ich bin allein, nur meine Katzen sind bei mir, doch die halten sich merkwürdig fern vom Glas, als hätten sie Angst, der Inhalt könne ihnen etwas antun. Vor mir steht wieder einmal ein Wein vom Mosel-Weingut Joh. Jos. Prüm, im Volksmund J. J. (»Dschej-Dschej«) genannt. Eine Graacher Himmelreich Riesling-Auslese Goldkapsel. Und er ist großartig. Immer wieder schnuppere ich daran, halte mich mühsam zurück, den Tropfen nicht gleich in einem Schluck wegzuschlotzen. Er duftet nach kräuterbewachsenem Schieferboden, nach Weinbergpfirsich, und dann ist da natürlich das besondere Extra: der Prüm'sche Ton. Von der Spontangärung. Man erkennt ihn blind, seit Jahren, ja Jahrzehnten ist das so. Er ist Legende; niemand hat es je geschafft, diesen einzigartigen Ton zu kopieren. Und trotzdem verstehe ich alle, die hiermit erst mal fremdeln. Das hier ist anders. Als ich jetzt nochmals in den Wein reinrieche, kann ich endlich sagen, warum.

Die Aromen sind nicht glockenklar und unmissverständlich. Sie sind vernuschelt. Aber wie! Und ich muss an Bob Dylan denken, denn der dehnt die Vokale, zieht sie wie Kaugummi, brummelt sich etwas in seinen Bart. Die einen halten das einfach nur für schlampige Intonation, andere finden es ungemein charismatisch, sehen darin einen künstlerisch eigenständigen Ausdruck. Es gibt Menschen, die sehr lange brauchen, bis sie »his Bobness« schätzen. Genau wie die Prüm'schen Weine. Dabei wahren beide die Tradition. Das Weingut schert sich seit Jahrzehnten nicht um Trends, bleibt sich treu. Dylan genauso. Sein Sohn Jakob trat in seine Fußstapfen, genau wie Dr. Katharina Prüm in die ihres Vaters Dr. Manfred Prüm. Bob Dylan lässt sich nicht wirklich in die Karten schauen, auch die Prüms nicht – weil sie niemanden in ihren Keller lassen.

Beide haben Fans, die sie fast religiös verehren. Und als wäre das noch nicht genug an Ähnlichkeiten, gibt es noch eine weitere – vielleicht die wichtigste: Sowohl Bob Dylans Lieder wie auch Manfred Prüms Weine sind unglaublich langlebig und munden mit dem Alter immer besser. Selbst vermeintlich kleine Kabinettstücke.

Erst am Ende des Abends wird mir die schreckliche Bedeutung dieser Erkenntnis bewusst. Wenn es in der Weinwelt eine Entsprechung für Bob Dylan gibt – existiert dann etwa auch eine für Dieter Bohlen?

38
Kein Wein zu Jubiläen!

Meine Familie weiß leider, dass ich »was mit Wein mache«. Deshalb habe ich auch Angst vor Jubiläen und sonstigen besonderen Anlässen.

Der Anruf kommt meist sechs Wochen vor den Festivitäten. »Du machst doch was mit Wein. Kannst du uns sagen, welchen schönen Tropfen wir für unsere Feier nehmen sollen? Ich schick dir mal schnell die Weinliste vom Restaurant. Danke!« Und zack, schon kommt die Mail. Meistens stehen bei dem Dutzend Weinen nicht mal Jahrgang und Erzeuger daneben. Heutzutage immer dabei: Grauburgunder, Lugana, Primitivo und ein Rosé. Auch Shiraz (Languedoc), Sangiovese (Süditalien) und ein Sauvignon blanc sind beliebt. Welcher der anonymen Tropfen wohl am leckersten schmeckt? Und den Jubilar jubilieren lässt?

Manchmal helfen die Beschreibungen des Gastwirts beziehungsweise der Gastwirtin. Beim Shiraz ist zum Beispiel »feuriger Tropfen für Kenner« vermerkt. »Weine für Kenner« schmecken nie, das habe ich lernen müssen. Auf die harte Tour. Wenn »Wein für Kenner« dabeisteht, dann ist das eine Warnung. In vielen gutbürgerlichen Restaurants ist Kenner ein anderes Wort für arroganter Schnösel. Und die trinken jeden

Mist. »Süffiger Landwein« ist süß und kratzig, »passt gut zu Fisch« schmeckt nach gar nichts, und »fruchtig-weich« mundet wie Red Bull. Es ist eine Geheimsprache. Ich wähle für die Verwandten meist einen Prosecco, einen weißen Burgunder (den ich extrakühl bestelle) und, wenn es das gibt, irgendwas Rotes aus Chile oder besser noch aus Australien. Marmelade mögen sie nämlich alle. Falls ich – was sehr selten passiert – mal einen guten Wein auf der Karte entdecke, bestelle ich ihn auf gar keinen Fall. Das bringe ich einfach nicht übers Herz. Denn er landet in Gläsern, aus denen selbst ein Pétrus wie Ahoi-Brause mundet.

Auf der Feier trinken dann meist alle Bier. Oder Apfelschorle. Oder Cola light. Nur ich muss den Wein trinken. Sonst glauben sie nämlich, ich hätte Mist ausgesucht.

»Und? Wie schmeckt er?«, fragt dann der Jubilar.

»Wirklich gut«, sage ich. Ich nehme einen großen Schluck und lächele, obwohl es in meinem Hals kratzt, als würde sich darin ein Borstentier drehen.

»Frollein«, ruft dann irgendjemand zur Bedienung. »Schenken Sie dem jungen Mann hier mal tüchtig nach, ruhig voll das Glas, der ist nämlich Kenner!«

Und so geht das dann den ganzen Abend. Hoffentlich erfahren sie nie, dass ich auch Bücher über Whisky, Gin und Rum geschrieben habe. Dann überlebe ich das nächste Jubiläum nämlich nicht.

39
Die Wein-Zeitmaschine

Eine Weinprobe. Thema »Ein Jahrhundert Vins Doux Naturels«, edelsüße Preziosen aus dem Roussillon (Rivesaltes, Maury und Banyuls). Ältester Wein ist ein 1910er der Domaine Puig-Parahy – vor Ort für unter 300 Euro zu kaufen. Aufgrund des Alters ein unglaubliches Schnäppchen.

Aber mir geht anderes durch den Kopf. Es heißt, wenn man ein Buch liest, dann liest dieses auch einen selbst. Was stimmt. Als Leser baut man ständig eigene Erfahrungen ein. Steht der Satz »Er betrat einen mit Rosen geschmückten Saal« in einem Roman, wird der eine Leser womöglich an einen »Sissi«-Film denken und den Prunk ganz toll finden, während eine andere Leserin vielleicht als Kind in eine Rosenhecke gefallen ist und sich den Saal weniger heimelig vorstellt. Eigenes Erleben prägt das Leseerlebnis. Und genauso ist es auch beim Wein. Wenn wir einen Wein trinken, trinkt der Wein auch uns. Er holt Erinnerungen an Gerüche, an Geschehnisse und Landschaften hervor. Und einer der alten Rivesaltes, meine Güte, der hatte einen richtig großen Schluck aus mir genommen, von ganz unten aus der Pulle. Er stammte aus dem Jahr 1945, ein Ambré L'Amédée der Domaine de Besombes Singla, und war größtenteils von Frauen geerntet worden, denn viele Männer waren im Krieg gefallen. Er duftete köstlich nach Kandis, Tee, Lebkuchen, Butterkeksen, Zimt, Mokka, Karamell – und ich musste plötzlich an meinen Großvater Philipp denken. Ich kenne von ihm nicht mehr als ein vergilbtes Schwarz-Weiß-Foto, auf dem er mit strenger Miene und akkurat gescheiteltem Haar neben meiner Großmutter steht. Er starb, lange bevor ich auf die Welt kam. Ein Geist aus Kindertagen. Er war Soldat, 1945 kam er in ein amerikanisches Gefangenenlager in Frankreich, im Januar 1946 kehrte er zurück, neun Monate später wurde mein Vater geboren.

Der Rivesaltes hatte meinen verstorbenen Großvater hervorgeholt.

Eine Eintrittskarte in die Vergangenheit.

Viele alte Weine enttäuschen geschmacklich, sind verblüht, nur noch ein schwaches Echo vergangener Grandezza. Doch dieser Rivesaltes war noch so voller Kraft, dass das Jahr 1945 plötzlich nicht mehr so lange her erschien. Und ich meinem Großvater mit einem Mal näher war als jemals zuvor. Ich habe danach angefangen, meinem Vater Fragen über ihn zu stellen. Er brauchte keinen Wein, um sich an den Mann zu erinnern, dessen einziger Sohn er war. Seit dieser Probe blicke ich Verkostungen gereifter Weine noch freudiger entgegen. Vielleicht nimmt ja wieder einer einen großen Schluck aus mir.

40 Stroh brennt lichterloh

Deutschland hat einen Strohwein! Oh, nein, falsch, ich sollte noch mal neu anfangen, sonst gibt's juristische Probleme: Deutschland hat einen Striehween! Jetzt stimmt's. Es sind die feinen Unterschiede, die der Gesetzgeber einfordert.

Ja, der Rechtsstaat Deutschland hat in diesem vinophilen Fall ein echtes Meisterstück abgeliefert. Seit 2001 versuchte Winzer Ulrich Stein aus Alf an der Mosel, die Erlaubnis für die Produktion und Vermarktung eines Strohweins zu erhalten, einer alten Tradition an der Mosel – die allerdings 1971 verboten worden war. Gerichtsfilme sind ja sehr beliebt, aber bei dem, was sich nun entwickelte, wäre der Drehbuchschreiber wahrscheinlich ins Koma gefallen. Gott sei Dank ist Ulrich Stein ein geduldiger Mensch. Und nach einer gewissen Zeit hatte er regelrecht Spaß am Kampf gegen die Windmühlen – nur war er im Gegensatz zu Don Quichotte erfolgreich. Nach zwei Niederlagen an deutschen Verwaltungsgerichten gab ihm die EU recht. In anderen Ländern darf Strohwein erzeugt werden, wie der Amarone della Valpolicella, der Recioto oder der Commandaria, und es gilt: gleiches Recht für alle. In diesem Fall also: danke, EU. Doch natürlich darf Ulli Stein seinen Strohwein nicht Strohwein nennen. Den Begriff haben sich die österreichischen Winzer schützen lassen. Und geben ihn auch nie mehr her, weil die Deutschen ihnen den Begriff »Winzersekt« nicht erlaubten – weswegen die entsprechenden Schäumer aus Austria nun »Hauersekt« heißen.

Damit ist der Beschriftungsteil dieser juristischen Posse aber noch lange nicht vorbei. Das Weinbauministerium Rheinland-Pfalz hatte noch was in petto. Die Wörter »Weingut«, »Winzer« und »Weinbau« sind auf dem Etikett nicht zulässig, der Wein darf auch keine näheren geografischen Angaben tragen, also nicht Mosel. Ebenfalls verboten: die Begriffe Erzeuger- oder Gutsabfüllung. Fragen Sie lieber nicht nach Gründen. Und was steht jetzt auf der Flasche? Riesling Striehween®; Abfüller: Gebrüder Stein, Bullay/Mosel. Ein »EG-Wein eigener Art«. So heißt der Tropfen nun offiziell. Endlich mal eine Weinkennzeichnung, die richtig Lust auf den Genuss macht. Doch wenn der Striehween nicht gut wäre, bliebe dies alles eine Geschichte ohne Pointe. Aber er ist gut, großartig sogar, rassig und klar, Akazienhonig plus Schiefer mal reifster Pfirsich. Ich könnte eine Badewanne davon leer trinken, mich danach zum Trocknen auf einen Strohballen legen und langsam einschrumpeln!

41
Pinot ist Porno

Ich bin es so leid. Wirklich. Immer wieder dasselbe: Zuerst die Frage, ob ich lieber Cabernet Sauvignon oder Pinot Noir trinke. Und nachdem ich mich als Fan des Letzteren geoutet habe, muss ich mir anhören, in dem Film »Sideways« käme heraus, dass nur Warmduscher und Schattenparker diese Rebe vorzögen. »Sideways« ist ein guter Film, keine Frage, Paul Giamatti spielt famos, aber diese Verweicheierung des Pinot Noir halte ich einfach nicht mehr aus.

Um es ganz deutlich zu sagen: Pinot Noir ist die erotischste Rebsorte der Welt. Die Spitzenweine von Bernhard Huber, Daniel Gantenbein oder Henri Jayer sind purer Sex, auf die Flaschen gehört eigentlich ein FSK-18-Aufkleber! Ich möchte zur Beweisführung mal aus Jancis Robinsons »Oxford Weinlexikon« zitieren: »Während Cabernet Weine hervorbringt, die dem Intellekt zusagen, erweist sich der Charme des Pinot viel eher als sinnlich.« Ha! Nimm das, »Sideways«! Welcher Cab duftet so animalisch, so wild, ja, so ungestüm und sinnlich wie großer Pinot? Welcher Wein versetzt einen eher in die Stimmung zum Liebesspiel? Champagner, ja gut, aber das zählt nicht, der sprudelt ja auch, das ist unfair. Und außerdem: Da ist ja oft auch Pinot Noir drin! Pinot – vor allem wenn er aus dem Burgund kommt – ist auch in anderer Hinsicht wie Sex. Man verspricht sich häufig viel mehr davon, als schließlich rumkommt. Heißes Äußeres (also Etikett), nichts dahinter. So ist er auch, der Pinot. Wer diese Frustration nicht erträgt, der soll zum Cab greifen.

Nächster Punkt, und jetzt wird's sprachwissenschaftlich: der Name! Pinot stammt wahrscheinlich vom französischen Wort für Fichtenzapfen (»pin«) ab – wegen der Form der Trauben. Zwinker, zwinker, Phallus, ick hör dir trapsen! Und hier noch ein Zitat von Master-Sommelière Madeline Triffon: »Pinot Noir ist Sex im Glas. So verführerisch, dass es sehr, sehr schwer ist, Nein dazu zu sagen.« Pinot ist die Verführung pur, er transzendiert es, »bloß« vergorener Traubensaft zu sein; wie die Trüffel, edelste Frucht der Erde, dockt er an unser limbisches System – das Emotionszentrum unseres Hirns. Ich gestehe und erlaube mir diese romantische Bemerkung: In Pinot Noir kann man sich verlieben. Von Albert Camus stammt das Zitat: »Alles, was ich über Moral und Verpflichtung am gewissesten weiß, verdanke ich dem Fußball.« Ich möchte hinzufügen: »Alles, was ich über Erotik und Sinnlichkeit am gewissesten weiß, verdanke ich dem Pinot Noir.«

42
Ein Quantum Tee

Diese Aussage von Ernst Bücher vom Deutschen Weininstitut hat mich damals mitten in mein vinophiles Herz getroffen: »Der Weinjahrgang 2019 wird hierzulande als der erste in die Geschichte eingehen, in dem die Eisweinlese bundesweit ausgefallen ist.« In keinem der dreizehn deutschen Weinbaugebiete sei die für eine Eisweinlese erforderliche Mindesttemperatur von minus sieben Grad Celsius erreicht worden.

Bei der Landwirtschaftskammer Rheinland-Pfalz hatten zum Beispiel fünfzig hoffnungsvolle Güter Rebflächen von insgesamt 42 Hektar für eine mögliche Eisweinlese des 2019ers angemeldet.

Natürlich kann niemand behaupten, man hätte das nicht kommen sehen. Wir Weinliebhaber:innen haben den Klimawandel schon seit Längerem im Glas. Mit reiferen Jahrgängen, mit mehr Alkohol und eben mit immer weniger Eiswein.

Mir macht es noch einmal deutlich, dass Wein tatsächlich immer ein Geschenk der Natur und ein guter Jahrgang eben keine Selbstverständlichkeit ist (was ich in meinem Weinberg an der Mosel am eigenen Leib, beziehungsweise an der eigene Rebe, schmerzlich erfahren musste). Und wer will es der Natur ernsthaft verdenken, dass sie gerade keine Lust mehr hat, uns das Geschenk eines Eisweins zu machen?

Dabei zählt der Eiswein zu meinen großen Weinlieben. Aber nur der echte, nicht die Buddeln, deren Inhalt nach verkappter Beerenauslese schmeckt. Nur der mit Eisweinaromatik, mit laserstrahlgenauer Säure und eiskristallklaren Aromen. Die Trauben müssen dafür im gefrorenen Zustand gekeltert werden, was eigentlich nur ab minus sieben Grad Celsius gelingt, weshalb es ganz früh am Morgen zur Lese geht, bevor die Sonne einen Weinberg wachküsst. Und für eine glasklare Eisweinaromatik sollten die Trauben kaum oder besser gar keine Botrytis aufweisen.

Wenn es ginge, würde ich mir Eiswein aufs Brot schmieren und ins Müsli rühren. Dank Kanada, dem größten Erzeuger von Eiswein weltweit, kann ich ihn jetzt zumindest zum Frühstück trinken. In Warm. Als »Icewine Tea – Thé de vin de glace«. Eine Freundin hat mir eine Packung zugeschickt. 25 Beutel für ein Halleluja. Die Verpackung ist rot, mit Ahornblättern darauf, die Marke heißt »Canada True«. Ich freu mich passenderweise wie ein Schneekönig.

Erster Eindruck: Der Beutel riecht wie … Tee. Die Aromastoffe des Eisweins werden vermutlich erst mit heißem Wasser freigesetzt. Gesagt, getan. Das braune Gebräu duftet ebenfalls nach schwarzem Tee – und undefinierbar fruchtig-süß, wie ein Duftbäumchen fürs Auto. Außerdem wie Omas alter Eckschrank. Ich will das eigentlich nicht mehr trinken. Doch ich stelle meine Geschmacksnerven der Forschung zur Verfügung. Und nippe. Ohne Milch und Zucker und doppelten Boden. Und beim Hinunterschlucken pappt sich irgendetwas an meinem Gaumen fest, das nicht mehr weggeht. Eine geschätzte halbe Stunde lang. Für Abgangsfanatiker ein Superwert. Ich dagegen bevorzuge meinen Gaumen unverklebt. Mit viel gutem Willen schmeckt es, als hätte jemand im Tee ein Eisbonbon aufgelöst. Aber eins von den ganz miesen, die beim Kölner Rosenmontagszug niemand aufhebt.

Da soll Eiswein drin sein?! Ich schau mir noch mal die Packung an. Der Infotext verrät, dass es sich um einen Blend von Ceylontee handelt – flavoured with nature identical Icewine. Anders ausgedrückt: kein Eiswein weit und breit. »One of Canada's special gifts to the world« informiert mich die Packung weiter. Ganz ehrlich? Solche Geschenke können sie gerne für sich behalten – das ist vermutlich gesundheitsgefährdender als ihre Bobbahnen! Vielleicht sind die Mengen an Eiswein in Kanada so knapp geworden, dass potenzielle Kunden abgeschreckt werden müssen. Anders ist dieser Geschmacksunfall nicht zu erklären. Bitte, liebe Winzerinnen und Winzer, sehen Sie davon ab, solche Scheußlichkeiten zu produzieren! Wein und Tee gehören nicht zusammen, wie Hund und Katze oder Sonny und Cher. Für mich gilt zukünftig: Eistee ja, Eisweintee nein.

43
Dänen lügen nicht

Vor einigen Jahren in Kopenhagen. Wir sitzen im weltberühmten Restaurant »Noma«, haben das große Menü mit Namen Nasaaq gewählt und dazu ein Großes Gewächs Westhofener Morstein von Wittmann bestellt – wie der Sommelier uns bestätigte, passt nichts besser als ein trockener Riesling zu dieser Art Küche. Das lass ich mir gern gefallen!

Plötzlich fällt mein Blick auf eine Flasche am Nachbartisch, minimalistisch das Etikett, wenige schwarze Buchstaben, viel Weiß, Glasverschluss. Und ich höre den Kellner etwas von dänischem Wein erzählen. Am liebsten würde ich aufspringen, um ihm die Flasche aus der Hand zu reißen. Dänischer Wein? Gibt's das? Na, Dänen lügen ja bekanntlich nicht. Will ich natürlich sofort probieren. Der Tropfen heißt Arwen. Ich denke an die Halbelbin gleichen Namens in »Herr der Ringe«, geboren im Jahr 241 des Dritten Zeitalters, die Tochter Elronds und Celebrîans und Enkelin von Galadriel. Doch der Name stammt von der Tochter des Kochs. Der heißt übrigens René Redzepi, was wie ausgedacht klingt, aber wahr ist.

Nicht ohne Stolz wird uns ein Glas eingeschenkt. Arwen ist *der* »Noma«-Wein. Es gibt ihn nur hier und im Restaurant »Fiskebaren«, wo Anders Selmer als Restaurantleiter arbeitet –

nebenbei ist er für Arwen verantwortlich. Gemeinsam mit dem Obstbauern Hans Lund Hansen hat er ein Auge auf die Rebstöcke. Den Wein macht jedoch ein anderer. Und zwar 721 Autokilometer südlich. Rund zehn Stunden mit dem Kühllaster entfernt. Die Trauben werden nämlich nach Franken transportiert – wo sie Winzer Martin Steinmann vom Schloss Sommerhausen nachts in Empfang nimmt und sofort keltert. »Für uns klingt das ungewöhnlich, aber in Neuseeland oder Australien ist so was ganz normal.« Aber ist es in Dänemark denn nicht zu kalt? »Der Weingarten liegt auf der Insel Lilleø, das ist die dänische Südsee.« Lilleø ist 86 Hektar groß, hat sieben Einwohner (knapp mehr als Lummerland) und lehmige Böden mit Kiesuntergrund, davon 2,5 Hektar mit Reben bestockt. Eine Fähre bringt Passagiere vom Festland zur Nachbarinsel, von dort führt ein Damm nach Lilleø. Allerdings nur bei gutem Wetter! In Lilleøs Weingarten steht größtenteils Solaris, dazu Sauvignon blanc, Silvaner und Riesling. Chenin Blanc und Grüner Veltliner wurden jetzt gepflanzt. Für den 2008er Arwen wurden die Trauben am 29. November gelesen – für einen trockenen Wein mit 12,11 Grad Alkohol. Der ist fruchtklar, mit schöner Säure, duftet nach Birne und Kräutern. Kein großer Wein, aber ein guter. Ein Kritiker schrieb, es sei der beste Wein Dänemarks – allerdings besteht Steinmanns Konkurrenz bisher nur aus Hobbywinzern. Jedenfalls hat Dänemark für mich nun einen Platz auf der Weltweinkarte. Länder ohne Weinbau gelten für mich sowieso als unbewohnbar. Und wenn Lilleø aufgrund des steigenden Meeresspiegels nicht untergeht (es liegt nur zwei Meter über null), werden die wärmeren Temperaturen sicher für noch bessere Weine sorgen. Zurzeit ist das Licht noch wichtiger als die Wärme. Der Arwen ist ein Lichtwein. Da leert ein Esoteriker sicher gleich die ganze Flasche.

Das »Noma« ist übrigens großartig, fabelhaft, einmalig. Eines der faszinierendsten Restaurants der Welt. Erst nach dreizehn Gängen bemerkt meine Mitesserin, dass keiner davon mit Pasta, Reis, Tomaten oder Olivenöl zubereitet wurde. Denn im »Noma« werden nur nordische Produkte verwendet – weshalb man auch einen nordischen Wein keltern wollte. Vielleicht pflanzen sie in Dänemark bald auch Kokosnusspalmen und Bananenstauden. Zuzutrauen wäre es ihnen.

Ob es den Arwen noch gibt, weiß ich nicht, aber es ist immer gut, im Leben Fragen zu haben, die der Klärung bedürfen. Und Fragen, die einen Weingenuss zur Folge haben könnten, sind die besten.

44 Unwetterweine

Wetterkapriolen gibt es immer wieder. Einem normalen Bauern mag es eine Ernte verhageln – aber wenn ein Hagelschauer einen deutschen Weinberg trifft, macht der Weinbauer daraus einfach einen exklusiven Wein. Gemäß dem Motto: In der Bibel hieß es: Schwerter zu Pflugscharen; wir machen Wetterkapriolen zu Weinen!

Beispiel eins: der »Tornado« vom Weingut Dr. Kauer aus Bacharach am Mittelrhein. Am 27. Juli 2005 vernichtete ein Tornado mit Hagelschlag fast die gesamte Ernte in der Gemarkung Oberwesel und Urbar. Nur eine kleine Menge Spätburgunder konnte gerettet werden. Sie wurde weiß gekeltert auf den Markt gebracht. Auf dem Etikett stand »Tornado 27/07«.

Beispiel zwei: Am 30. Mai 2008 musste Winzer Albrecht Schwegler aus Korb im württembergischen Remstal einen 100-Prozent-Hagelschaden in seinem Zweigelt-Weinberg hinnehmen. Aus den danach noch gewachsenen Trauben kelterte er einen Blanc de Noir. Auf dem Etikett steht: »Hagelschlag 30.5.2008«.

Mit diesen beiden Tropfen trinkt man nun nicht einfach Wein, sondern Naturereignisse. Und während des Weingenusses fragt man sich unwillkürlich, was da noch auf uns zukommen wird. Blitzeiswein? Sonnenbrand 24/7/2025? Windhose 2028? Kaiserstuhl-Versteppung 2050? Egal, was noch folgen mag: Mit solchen Weinen können wir darauf anstoßen, dass es auch in Zeiten der Klimakatastrophe weitergeht. Möge das Wetter noch so schlecht sein, wir trinken weiter!

In Roland Emmerichs Endzeitfilmen mag alles unter Eis erstarren oder sich die Erdkruste bewegen – einen ordentlichen Jahrgang würden deutsche Winzer wohl trotzdem auf die Flasche bringen. Das beruhigt mich sehr. Es ist zudem eine liebenswerte Art, das Beste aus einer schwierigen Situation zu machen. Und genau das brauchen wir: Krisenweine. Natur- oder Weltwirtschaft macht da keinen Unterschied. Wie wäre es deshalb mit einem »Gesperrter Dispo«? Oder »Hypothek abgelaufen«? Auch »Weinpresse gepfändet« ginge – würde mich sogar besonders beeindrucken.

Und wie schmeckten die Weine, als sie auf den Markt kamen? Der »Hagelschlag« haute einen erst mal um. Albrecht Schwegler erklärte damals: »Mit einer Säure von elf Gramm pro Liter zeigt uns dieser Wein eisig sein außergewöhnliches Temperament.« Mit Temperatur gewann der »Hagelschlag« an Harmonie, wurde ein schöner Aperitif. Die brillante Frucht war knackig, der Wein sehr geradlinig.

Der aktuelle Unwetterwein vom Mittelrhein ist zupackend, mit schönem Pfirsich, Orange, Pflaume, feinem Schmelz, salzigem Abschluss und im Alkohol angenehm leicht. Jetzt werden Sie sich fragen: ein aktueller Unwetterwein vom Mittelrhein? Der Tornado suchte doch 2005 die Weinberge dort heim. Und recht haben Sie. Doch der Wein kam damals so gut an, dass die Kauers ihn seitdem jedes Jahr erzeugen – auch ohne Tornado. So schlägt man dem Klima ein Schnippchen!

45
Wie ich ein Mann wurde

Hier ein Geständnis: Es gab einst einen schwarzen Fleck in meiner Weinjournalistenvita. Einen schwarzen Fleck von der Größe Grönlands. Selbst mein Beichtvater wusste nichts davon. Jetzt endlich, nach vielen Jahren, bin ich bereit, es offen zuzugeben: Ich war noch nie in der Domaine de la Romanée-Conti.

Gewesen!

Denn irgendwann habe ich es dann endlich geschafft. Einen ganzen Burgundtrip habe ich drum herumgebaut, meine Familie in der Adventszeit allein gelassen, die Kohlendioxidbilanz Europas mit den Abgasen meines Wagens belastet. Alles für die Domaine de la Romanée-Conti, die internationale Kathedrale des Pinot Noir.

Egal, was ich erwartet hatte, es wurde … unterboten. Unspektakulär trifft es nicht; Oma Käthes Küche ist unspektakulär. Nein, das Weingut war fast schon an der Grenze zu abgenutzt.

Was war ich erleichtert!

Eigentlich ist dies natürlich unfassbar cool. Denn damit sagen sie: Wir machen den großartigsten Wein der Welt, wir müssen niemandem irgendwas beweisen. Ihr würdet auch kommen, wenn das Domänenschild an einem Bauwagen pappte.

Womit sie absolut recht haben.

Den Prunk überlassen sie den Gütern im Bordelais.

Das eigentliche Weingut ist nicht da, wo das polierte kleine Metallschild neben der Klingel hängt. Wäre ja viel zu einfach. Es ist ein paar Schritte die Straße runter und einmal nach rechts.

Und plötzlich war sie da, die Magie. Im Keller.

Als ich ihn betrat, dachte ich nur: »Geheiliger Boden, Highlander!«

Allein der Duft! So fein mineralisch, so sanft, trotz der Kälte. Wenn ich ein Wein wäre, hier würde ich liegen wollen. Nirgendwo anders. Ich stellte bohrende Fragen nach den Herstellungsmethoden. Doch unter dem Strich hörte ich von Kellermeister Bernard Noblet nur Erwartbares. Dass sie nur leicht getoastete Barriques verwenden (fast ausschließlich von der Tonnellerie François Frères), dass ihre Weine im Alkohol sehr zurückhaltend sind, und den wohl langweiligsten Allgemeinplatz, nämlich dass die Qualität im Weinberg entsteht. Keine wirkliche Erklärung also. Kein Geheimnis im Keller. Aber was hatte ich erwartet? Goldene Wände? Ein Streichquartett, das die Weine bespielt? Einen Eremiten, der in einem alten Fass haust und die Trauben weichkaut?

Dass die Weine des Hauses so gut sind, liegt tatsächlich vorrangig an der Qualität der Trauben – und dem Gespür des Kellermeisters. Und genau so habe ich es am liebsten.

Ich trug übrigens extra ein neues Sakko für den Besuch. Aber mutig (wie ich fand) das Hemd aus der Hose hängen lassend. Bernard Noblet trug Weinbergskleidung – und ich war hoffnungslos overdressed.

Genau achtete er darauf, was wir – mein guter Freund Ralf Thomas, der fließend Französisch spricht, war mit dabei – zu sagen hatten. Und schritt stoisch von einem Fass zum anderen. Es begann beim Échezeaux, mit seiner wundervollen Würzigkeit, und endete beim Romanée-Conti. Der war einfach nur geil. Darf man nicht sagen, weiß ich, aber bei welchem Wein sollte man es sonst dürfen? Wenn Romanée-Conti nicht geil ist – was dann? Natürlich könnte ich hier von unglaublicher Tiefe, perfekt ausgereifter Frucht, höchster Balance und ätherischen Aromen schreiben. Aber ich dachte: Geil! Mehr davon!

Als der Besuch dann beendet war, wurde mir klar: Jetzt bin ich endlich ein Mann. Die Zeit der unschuldigen Jugend ist vorbei, ich habe vom Kelch der Erkenntnis gekostet.

So habe ich mich gefühlt. Zumindest so ähnlich.

Im antiken Kybele-Kult musste man noch den Hoden eines geopferten Stieres herumtragen, um endlich ein Mann zu werden. Der Besuch von DRC ist da deutlich angenehmer.

Aber irgendwie bin ich nun auch … ein wenig traurig. Wahrscheinlich wie ein Bergsteiger, der vom Mount Everest herabsteigt. Was bleibt jetzt noch? Mein Leben ist leerer geworden.

Allerdings bin ich nun um eine unvergessliche Erinnerung reicher.

46
Kling, klingelingeling …

Bin ich ein Etikettentrinker? Jawohl, das bin ich. Und wie. Wobei es mir nicht um die berühmten Weingutsnamen geht, sondern um die der Lagen. Ich stehe auf schöne Lagennamen. Siebeldinger im Sonnenschein? Und der Tag kann kommen! Monzinger Frühlingsplätzchen? Kein Keks ist mir lieber.

Und jetzt habe ich einen Wein gefunden, der mein Weihnachtsfest vollständig werden lässt. Den Lebkuchenberg. Klingt für mich nach Tannenbaum und Rauschgoldengeln, nach Glühwein und Mandelsplittern. Damit möchte ich aufs Christkind anstoßen! Und es ist kein Werbegag. Den Lebkuchenberg gibt es wirklich – auch wenn das Weingesetz von 1971 uns dies vergessen machen will.

Damals wurde er in die Lage Hesslocher Edle Weingärten eingegliedert. Justus Ruppert vom Weingut Ruppert-Deginther in Dittelsheim-Heßloch (Rheinhessen) hat dort Besitz. Die Reben seiner Lebkuchenberg-Parzelle wurden bereits vor vielen Jahren von seinem Großvater gepflanzt. Da es die Lage offiziell also gar nicht mehr gibt, darf er den Namen auch nicht auf die Flasche schreiben. Aber www.lebkuchenberg.de geht. Das stand seit dem 2008er-Jahrgang für einige Zeit auf den Etiketten. Und die passende Homepage gibt es auch. Deutsches

Weingesetz? Nebenwirkungen nicht ausgeschlossen. Fragen Sie Ihren Winzer oder Fachhändler. Justus Ruppert wechselte dann zum Namen »Calx«, nach dem besonderen Kalkgestein, das dem Wein seine Kraft verleiht. Erst seit Kurzem verwendet er diesen neuen Namen. Zugegeben: »Edle Weingärten« tönt natürlich auch nicht schlecht. Überhaupt hat Justus Ruppert einige wunderschöne Lagennamen: Bechtheimer Hasensprung, Heßlocher Liebfrauenberg, Heßlocher Mondschein.

Aber zurück zum Lebkuchenberg. Woher stammt der Name? Der Boden dieser Südlage sieht tatsächlich ein wenig aus wie Lebkuchen. Es ist felsiger Kalksteinuntergrund, durchzogen von Eisenerzadern, und darauf eine Lössschicht. Klingt wie ein Backrezept.

Spitzenwinzer Klaus-Peter Keller aus Flörsheim-Dalsheim machte mich auf das Talent aufmerksam. »Das wird mal ein richtig Guter«, sagte er mir vor Jahren. Er muss es wissen, denn Justus Ruppert hat ein Praktikum bei ihm absolviert. Das Geheimrezept des so Gelobten? O-Ton: »Ich vertrete die Auffassung, dass man auch nicht zu ehrgeizig im Weinberg sein darf und der Natur in bestimmten Dingen ihren Lauf lassen muss.« Andere Jungwinzer würden den Wein ihrer Spitzenlage mit Steroiden aufpumpen, bis er keinen Schritt mehr gehen kann. Also viel Alkohol, sehr reife Frucht oder viel Holz.

Aber schmeckt der Wein nach Lebkuchen? Leider nein. Oder doch? Da ist so eine süße Würzigkeit. Und wenn ich ganz fest dran glaube, dann riecht es, als wäre mal einer mit Lebkuchen am Fass vorbeigerannt. Aber vielleicht erschnuppern das auch nur Lingualerotiker wie ich. Er passt leider auch nicht zu Lebkuchen. Ich hab's probiert. Nicht am zweiten Tag und nicht am dritten Tag. Es war eine Lebkuchentestreihe. Aber der Wein wurde jeden Tag besser. Und mit jedem Schluck dachte ich an Weihnachten. An das kuschelige Weihnachten meiner Kindheit. Nicht an den Verwandtschafts-Super-GAU mit Geschenkeweitwurf der späteren Jahre.

Vielleicht finde ich irgendwann auch einen Wein für Ostern. Und einen für Mariä Lichtmess. Schön wär's. Man will schließlich passend trinken.

47 Wilde Tropfenkur

Ich habe noch nie einen Grund gebraucht, Wein zu trinken. Schon gar nicht den, dass er gesund sei. Ehrlich gesagt nimmt das sogar etwas Spaß aus der Sache. So ein bisschen ungesund (also gefährlich) ist halt aufregend. Einen Porsche fährt man ja auch nicht, weil es für irgendwen gesund ist. Aber wenn der Winter naht, muss mein Immunsystem in Schuss gebracht werden.

Einst – es ist jetzt schon viele Jahre her – verordnete ich mir deshalb im Spätherbst eine homöopathische Weinkur. Eine Woche nur Tropfen der Tenute Loacker Schwarhof, denn die arbeiten im Weinberg schließlich mit homöopathischen Präparaten in Form von biodynamischen Mittelchen. Damals stellte die Biodynamie ein recht neues Phänomen in der Weinwelt dar, und es waren fast durchweg drittklassige Weingüter, die sie praktizierten. Loacker bildete eine der wenigen Ausnahmen. Heute ist es fast umgekehrt, und viele Spitzengüter arbeiten biodynamisch oder zumindest mit einigen biodynamischen Ansätzen (wozu auch die Arbeit nach den Mondphasen gehört).

Ich wählte damals fünf Weine, alle rot. 13,5 bis 14,5 Prozent Alkohol. Für Stimmung war also gesorgt. Vertraue ich der Homöopathie? Na ja, bei meinen Katzen funktioniert sie. Die glauben also dran. Und ich glaube an meine Katzen. Ehrlich gesagt trieb mich auch die Frage um: Schmeckt einer der Weine besonders homöopathisch? Und: Welcher macht gesund? Der Kastlet – eine unfiltrierte Cabernet-Lagrein-Cuvée – schmeckte erst mal richtig gut. Der Cabernet vertrug sich unerwartet gut mit der autochthonen Südtiroler Rebsorte. Meine Nachbarin meinte, ich hätte davon eine gesunde Gesichtsfarbe bekommen. So rötlich. Gut, die Flasche war nach dem ersten Testlauf auch halb leer. Ich nahm den Selbstversuch sehr ernst! In dieser Nacht schlief ich ausgesprochen tief, doch meine leichte Erkältung war am nächsten Tag kein bisschen besser. Ich brauchte härtere Geschütze und nahm mir den Gran Lareyn (100 Prozent Lagrein) vor. Der gefiel mir sogar noch besser. Duftete nach Zwetschgen, schmeckte ausnehmend würzig und zupackend – und nicht gar so »düster« wie einige andere Lagreins. Aber überhaupt nicht wie Medizin. Und die gesundheitliche Wirkung? Keine. Darum erhöhte ich die Dosis radikal. Selbst Freunde, die zu Besuch kamen, bekamen keinen Schluck mehr ab. Alles für die Gesundheit.

Als Ende der Woche immer noch kein Effekt zu bemerken war, machte ich mir allerdings so meine Gedanken. Hing es an der Verdünnung? Behandelt werden ja auch nur die Rebstöcke, und eigentlich sind homöopathische Mittel ohnehin bereits so weit verdünnt, dass die Schulmedizin keinen Wirkstoff mehr nachweisen kann. Im letztendlichen Wein werden dann wohl nur noch Erinnerungen daran übrig sein. Die Verdünnung der Verdünnung also.

Ob der Arzt Samuel Hahnemann sich das so gedacht hat, als er im 18. und 19. Jahrhundert seine Schriften zur Homöopathie veröffentlichte? Trank er überhaupt Wein? Wahrscheinlich schon, schließlich erschien schon 1788 sein Werk »Über die Weinprobe auf Eisen und Blei«, durch das eine Süßung mit giftigem Bleizucker nachgewiesen werden konnte. Diese Art der Süßung war übrigens eine durchaus verbreitete Praxis, der vermutlich einer von Deutschlands berühmtesten Weintrinkern – Johann Wolfgang von Goethe – zum Opfer fiel.

Aber zurück ins Hier und Jetzt: Ich hatte eine schöne Woche mit richtig guten Weinen. Toll, was die Loackers alles im Weinberg machen, noch toller, was in die Flasche kommt. Und Medizin ist Wein ja sowieso. Wie sagte schon Plutarch? »Der Wein ist unter den Getränken das nützlichste, unter den Arzneimitteln das schmackhafteste, unter den Nahrungsmitteln das angenehmste.« Mit oder ohne Homöopathie im Weinberg. Ich kann nur jedem empfehlen, das kleine Experiment am eigenen Leib durchzuführen. Es macht nämlich mächtig gute Laune.

48
Gut gegen Nordwind

Manch ein Kulturpessimist mag es bezweifeln, aber in Deutschland bewegt sich was – und zwar Rebstöcke. Unser Norden wird flächendeckend bepflanzt. Mit zehn Hektar fing es ganz harmlos an, doch dabei wird es nicht bleiben. Blühende Landschaften erwarten uns! Das Stargarder Land in Mecklenburg-Vorpommern darf sich zum Beispiel seit 2004 als Tafelweingebiet bezeichnen – mit seinen rund fünf Hektar ist es die nördlichste Tafelweinregion Deutschlands. Dort wurden Rebsorten wie Phoenix, Huxelrebe und Ortega gepflanzt. Schleswig-Holstein ist jetzt selbstredend auch Weinbauregion – nachdem Rheinland-Pfalz die Pflanzrechte für zehn Hektar abgetreten hat. Mittlerweile sind schon dreißig Hektar bestockt. Unter anderem die Nordseeinseln Sylt (wo sich bei Keitum Deutschlands nördlichster Weinberg befindet), Föhr und Nordstrand sollen richtig schön weinselig werden. Wenn die Klimaerwärmung fortschreitet und das Meer die Inseln bedeckt, könnten die wenigen erzeugten Jahrgänge unter Sammlern horrende Preise erbringen. Also: jetzt einsteigen! In renommierten deutschen Anbaugebieten fallen Spitzenlagen brach, und an der See werden die Dünen bestockt.

Auch in meinem Keller lagern ein paar Nordweine. Aus einer traditionellen Region. Ja, das ist kein Widerspruch. Zisterzienser brachten einst den Weinbau an die Havel, in die Nähe von Potsdam. Ende des 16. Jahrhunderts soll dieser Fluss gar so von Weinbergen umgeben gewesen sein wie die Mosel. Auf dem Werderaner Wachtelberg stehen heute rund sieben Hektar, und er ist die nördlichste eingetragene Lage für Qualitätsweinbau in Europa. Ich besaß noch zwei gereifte Weine von dort, einen Müller-Thurgau und einen Saphira. Beide trocken. Was soll ich sagen? Der Müller-Thurgau roch nach Leipziger Allerlei (aber das mag ich mir auch eingebildet haben) und der Saphira nach Persipan (sprich: Marzipanersatz): R. I. P.! In der Jugend hatte ich die beiden Weine schon mal getrunken und sie als ganz ordentlich eingestuft. Aber es zeigte sich: Nordweine soll man nicht lagern!

Einen Abend mit einem schlechten Weingeschmack im Mund zu beschließen widerstrebt mir zutiefst, und so begab ich mich abermals in meinen Keller, um weitere Nordweine zu finden. Und wurde fündig. Ein seltener Chardonnay vom Ahr-Spitzenweingut Deutzerhof. Früher hieß es über das pittoreske Anbaugebiet bei Bonn, das 2021 von einer Flut verheerend getroffen wurde, so nah am Nordpol könne kein ordentlicher Wein erzeugt werden. Und heute? Da zählen die Ahr-Spätburgunder zu den besten des Landes. Und wie der Chardonnay mich so beglückt, kommen mir auch ein paar schöne Gedanken zum Thema Nordwein: Schleswig-Holstein bekommt endlich eine Weinkönigin! Sie wird sicher etwas zu den Vorteilen der Nordweine beim Essen zu erzählen wissen. Wie die stürmische Meerbrise ihnen eine salzige Note verleiht, die bei einer Weinsuppe jedes Nachwürzen überflüssig macht. Wein kann auch praktisch sein!

49
Ein Wein fürs Leben

Es gibt Fragen, die darf man nicht leichtfertig beantworten. Etwa: Hab ich zugenommen, Schatz? (Wenn meine Lebensgefährtin es fragt.) Ist der liebe Gott stärker als ein Trillionen-Zillionen-Roboter (der Nachbarssohn)? Darf ich Époisses auf meinen Nutella-Toast haben (meine Nichte)?

Die Antworten darauf wollen wohlüberlegt sein. Bei einer Lesung in Wuppertal fragte mich ein netter Buchhändler, welchen Wein er sich aus dem Geburtsjahrgang seines Nachwuchses in den Keller legen sollte. Ich wollte schon etwas von wunderbaren edelsüßen Weinen erzählen und von Vintage Ports, doch er wünschte etwas trockenes Rotes, das in zwanzig, besser dreißig Jahren keine Essigsuppe und auch kein oxidierter Möchtegern-Sherry ist.

Ich rief flugs den Raritätenhändler Eric Paulson an, einen Experten für gereifte Tropfen, der wie aus der Pistole geschossen »Pauillac« antwortete. Wegen der Mineralität habe er einfach eine unwahrscheinliche Standfestigkeit. Aber gute Pauillacs sind teuer, und selbst Bordeaux ist nicht mehr das, was es einmal war. (Mal davon abgesehen, dass die berühmteste Weinregion der Welt vor Kurzem in einen Pflanzenschutzmittel-Skandal verwickelt war.) Ein klassischer Rioja, der wär's doch, oder? Aber dafür muss man dessen besondere reife Aromatik schätzen – wird unsere Coca-Cola-sozialisierte Jugend das überhaupt?

Die Lösung, meinte ein frankofoner Weincrack, sei ohnehin nicht Bordeaux (er rümpfte verächtlich die Nase), sondern das Rhonetal, am besten Châteauneuf-du-Pape. Diese Berserkerweine mit Alkohol, Tanninen und Extrakt, diese schnaubenden Bullen unter den Weinen der Welt, sie würde die Zeit nur angenehmer werden lassen. Das hätten etliche alte Jahrgänge bewiesen.

Aber bedeutet dies, dass auch die aktuellen Jahrgänge gleichermaßen heranreifen? Wer kann es sagen? Die Weinwelt mag ja rein rechnerisch eine alte sein; was die Technik und Techniken in Weinberg und Keller betrifft, ist sie stetig eine neue. In vierzig Jahren werden wir wissen, welche der modernen Weine lange halten. Doch der reizende Buchhändler will es ja jetzt wissen.

Die Lösung fand sich wieder einmal in meinem Weinkeller, Hort der Einkehr und des Rates. Wie in einem Bienenstock meine ich manchmal die Bouteillen dort summen zu hören. Die Lösung hieß nicht Cabernet Sauvignon, nicht Shiraz oder Grenache, nein, sie hieß Schraubverschluss. In der »Neuen Welt«-Abteilung lagern herausragende Rotweine, zum Beispiel ein Henschke Mount Edelstone Shiraz. Ich gebe ihm dreißig, vierzig Jahre – denn dank seines Schraubverschlusses wird er langsam reifen. Henschkes selbst bescheinigen ihm per Expertise bloß ein Leben von zehn Jahren – wahrscheinlich bei Lagerung im Heizungskeller. Martin Tesch aus Langenlonsheim, einer von Deutschlands Vorreitern in Sachen Dreher, berichtete mir einmal, wie er fünfzehn Jahre alte australische Müller-Thurgaus verkostet hätte – dank der Schraubverschlüsse waren sie frisch und knackig.

Der Mount Edelstone kostet allerdings über hundert Euro, und der Buchhändler sagte mir, der Tropfen dürfe zwar ruhig etwas kosten, aber solle eben auch bezahlbar sein.

Natürlich wäre ein Wein am angemessensten, der im selben Land wie der Nachwuchs geboren wurde. Oder besser noch im selben Ort. Aber Wuppertal ist aktuell noch keine Weinmetropole – was sich in den nächsten fünfzig Jahren aufgrund steigender Temperaturen durchaus ändern kann.

Mein Blick fällt im Weinkeller auf einen weiteren Schrauber. Ich ziehe die Flasche heraus, sie stammt aus Baden, genauer vom Weingut Johner. Dieses setzt als eines von sehr wenigen Weingütern in Deutschland schon seit vielen Jahren auf Drehverschluss, erzeugt hervorragende Weine, und erschwinglich sind sie auch. Damit dreht der Nachwuchs in einigen Jahrzehnten fröhlich auf!

50
Licht aus, Blindprobe!

Frage an die Runde: Wem sind Blindproben ein Graus? Also solche Proben, bei denen nicht gesagt wird, welcher Wein sich im Glas befindet, und man diesen erraten soll. Bitte alle aufzeigen! 1 … 2 … 23 … 74 … 2781. Gut! Danke, das wollte ich nur wissen. Sie haben also schlaflose Nächte vor solchen Ereignissen, selbst Markus Lanz bringt Sie nicht in Morpheus' Reich, der Angstschweiß stürzt herab wie Wasser die Niagarafälle.

Kann ich gut verstehen.

Doch nun ist die Stunde Ihrer Rache endlich gekommen!

Blindproben sind Lektionen in Demut, und es gibt Weine, die bei Blindproben eine Extraportion davon enthalten. Ein fantastisches Beispiel für einen solchen Wein, auch wenn er heutzutage so gut wie nicht mehr zu finden ist, ist der »Selezione B« von der mittlerweile leider nicht mehr existenten Azienda Agricola Rolf & Ilona Busch. Nur 1,7 Hektar Weinberge bewirtschaftete ein älteres Bonner Ehepaar für ein paar Jahre im Piemont, außerdem kümmerte es sich noch um Haselnüsse, Pfirsiche und Pappeln. Wir reden hier nicht von internationalen Winzerstars, sondern von Weinverrückten. Nur wenige Händler führten den Wein – die Chancen stehen verdammt gut, dass niemand aus Ihrer Runde ihn jemals verkosten durfte.

So weit, so gut. Ihr teuflischer Plan geht gut voran! Servieren Sie den Wein unbedingt aus einer Karaffe, denn das sieht aus, als wäre er sündhaft teuer. Mal schauen, was geraten wird.

Der Tropfen ist extrem dunkel und duftet nach »Wildrosen und Waldfrüchten«. Steht zumindest auf dem Etikett, das nicke ich ab. Mich erinnert er an englische Rosen. Wohlgemerkt: Diese Aromen würde man bei einem Wein mit Restsüße erwarten, aber wir reden hier von einem trockenen italienischen Rotwein. Der Grund für den Duft: die uralte piemontesische Rebsorte Brachetto. Sie wird wegen ihrer starken und leicht süßlichen Rosenaromatik fast ausschließlich für Süßweine wie den Brachetto d'Acqui verwendet. Selbst wenn also jemand die Rebsorte kennt, auf diesen trockenen Brummer mit fünfzehn Prozent Alkohol wird er nie kommen – der Wein jagt schneller in die Schläfen als Batman in seine Höhle. Trotzdem besitzt er eine angenehme Kühle. Er ist enorm schlüssig, und das Aroma wirkt kein bisschen aufgesetzt. Muss man erlebt haben.

Wie werden die Experten rätseln! Ein solches Rosenaroma in Rotwein? Ein Dreistling wird behaupten, Sie hätten Gewürztraminer reingeschüttet, ein Oberschlauer vermuten, dass es ein Muskattrollinger sei (wobei dieser niemals so wuchtig ausfiele). Lassen Sie die Runde zappeln, richtig lange, sagen Sie nichts. Bloß keine Tipps. Genießen Sie das Gefühl göttlichen Wissens. Lassen Sie ab und an ein paar verächtliche »Tststs« fallen, und atmen Sie schwer, so als könnten Sie die versammelte Dummheit nicht begreifen. Das ist Medizin für die Seele und von führenden Heilpraktikern empfohlen.

Irgendwann wird die Weinrunde das Handtuch werfen, gramgebeugt. Dann lüften Sie das Geheimnis. Ihr Vorteil ist, dass dieser Wein nicht aus irgendeiner obskuren Weinregion kommt, sondern aus einem Rebenmekka. »Ihr Pflaumen habt also tatsächlich diesen wunderbaren Brachetto nicht erkannt, eine der autochthonen Rebsorten des Piemonts? Aber

Barolo und Barbera kennt ihr doch? Das sind auch Rotweine, falls ihr es nicht wisst.«

Klingt nach einem schönen Abend, oder?

Michael Broadbent, Grandseigneur der Weinjournalisten, sagte einmal: »Bei Weinprämierungen denke ich immer wieder an Misswahlen. Die attraktivsten und intelligentesten Mädchen bleiben zu Hause.« Den Spruch habe ich ehrlich gesagt nie begriffen. Das mit der Misswahl stimmt, aber ich habe etliche Proben erlebt, bei denen definitiv Supermodels anwesend waren. Es ist eher so, dass man bei Blindproben die flüssigen Grazien beurteilen soll, ohne ihre Geschichte zu kennen, ihre Persönlichkeit. Und außerdem: Sind die Brüste echt, wurde Botox in die Lippen gespritzt? Bei manchen ist das sehr offensichtlich, bei anderen war ein Meister am Werk, ein hochbegabter Frankenstein-Winzer. Bei Blindproben mit solchen Weinen kann man sich als Weingenießer eigentlich nur blamieren.

Aber nachdem Sie bei einer Blindprobe einen Wein wie den »Selezione B« serviert haben und alle meilenweit mit ihren Vermutungen danebenlagen, können Sie sich zukünftig alles erlauben. Selbst wenn Sie einen australischen Shiraz für einen süßen Mosel-Riesling halten – wer sollte den Kenner des Brachetto infrage stellen?

51
Hokus Vinos!

In Märchen und Legenden sind es »Abrakadabra«, »Simsalabim«, »Hokuspokus« oder »Dreimal schwarzer Kater«, die Wunder bewirken. Auch bei Wein gibt es Zauberformeln, die vieles gut werden lassen: das Gemüt, die Gelassenheit, den nächtlichen Schlaf.

Von einem der mächtigsten erfuhr ich durch alte Schulkameraden. Er geht weit über die üblichen magischen Weinworte hinaus, wie beispielsweise »Einen trinken wir noch«, »Auf einem Bein steht man schlecht« oder – deutlich subtiler – »Lass uns zum Vergleich doch mal den neuen Jahrgang trinken«. Damit kein Missverständnis aufkommt: All diese Zaubersprüche dienen nicht der Zecherei! Nein, dem Genuss, der Balsam für Leib und Seele ist. Um aber auf meine ehemaligen Schulkameraden zurückzukommen: Sie verschlug es nach Mainz, wo sie jemanden kennenlernten. Augenscheinlich einen verdammt famosen Pfundskerl, einen Liebling der Götter, einen Burschen zum Pferdestehlen.

Dieser nun beherrscht den vielleicht charmantesten vinologischen Zauberspruch. Anwendung findet er am Ende langer Abende, wenn die schwächlichen Gäste bereits gegangen sind und nur die hartnäckigsten – und weisesten – bleiben.

Dann sagt dieser gute Mensch: »Ich hole noch einen Wein aus dem Keller – wir müssen ihn ja nicht austrinken!« Mein Herz schlägt schneller, da ich diese wunderbaren Worte schreibe. Wir müssen ihn ja nicht austrinken. Dieser Zauberspruch befreit geradezu. Der kommende Wein verpflichtet zu nichts, ist reine Lust; nichts muss – alles kann! Auf den Tisch kommt dann ein Wein, für den sich bisher einfach nicht die richtige Gelegenheit bot, obwohl man danach suchte. Der »The Butcher« von Johann Schwarz (Neusiedler See) ist ein Zweigelt-Rosé mit mächtigen fünfzehn Prozent Alkohol. Den Teroldego »Il Podere Dell'Olivos« von Jim Clendenen (Central Coast) wollte ich immer schon mal blind neben einem Wein der Teroldego-Prophetin Elisabetta Foradori verkosten. Oder meine letzte Flasche 1997er Château Musar! Diese Bouteille hob ich hoffnungsvoll für ein libanesisches Mahl auf, das ich dereinst kochen wollte. Doch stets fehlte Bulgur.

Oder ganz hinten in der spinnwebenen Ecke (mir wird ganz schwach um die Koronargefäße, wenn ich nur dran denke): ein 2004er Grand Merlot von Jim Irvine aus Südaustralien. Einer der göttlichsten Trünke der globalisierten Rebe. Ich würde so gerne daran nippen. Nur ein kleiner Schluck, um zu sehen, wie es ihm geht! Spät in der Nacht, nach einer langen Probe, ist man in der Laune, es zu versuchen, Korken aus den engen Flaschenhälsen zu befreien und eine dieser verwunschenen Flaschen zu öffnen – um sie mit Freunden zu trinken. Allein würde ich mich das ja niemals trauen, nur in der richtigen Gesellschaft. Und kraft der Zauberformel »Wir müssen ihn ja nicht austrinken!«. Wir tun es natürlich trotzdem. Jedes Mal.

Beim Schreiben dieser Zeilen verspüre ich große Lust, meine Schulkameraden in Mainz zu besuchen und mit ihnen gemeinsam diesen Magier. Mal schauen, was in seinem Keller noch der Öffnung harrt.

52
Die unerträgliche Leichtigkeit des Estrella

Der Weltraum, unendliche Weiten. Dies sind die Abenteuer des Raumschiffs Enterprise. Lieutenant Uhura: »Ein zeitlicher Nexus in der Epsilon-Ausdehnung!« Kapitän Kirk: »Ruhig Blut, Uhura. Auf der Erde ist gerade etwas viel Dramatischeres geschehen. Jemand ist in Mainz-Gonsenheim auf eine Weinsingularität gestoßen!«

Ja, so war es. Passenderweise im Sternerestaurant »Buchholz«. Es handelte sich um einen Bodega y Cavas de Weinert 1977er Malbec Estrella (Argentinien). Durch seine unfassbaren neunzehn Jahre Reifung im großen französischen Holzfass entzieht sich dieser göttliche Tropfen einer Einordnung ins übliche Koordinatensystem des Weingenießers. Ich lasse es jetzt trotzdem auf einen Versuch ankommen: ein Duft von Waldboden und Zedern, dazu getrocknete Früchte (vor allem Pflaume), eine perfekt harmonische Säure, nahezu unendlicher Abgang. Und in der Mitte wie eine Perle der fruchtsüße Kern. Tänzelnd, trotz über fünfzehn Prozent Alkohol. Zu vergleichen mit einem großen gereiften Rioja alten Stils.

Ich schwelgte in dieser feinen Leichtigkeit. Mein Gaumen wurde nicht beschwert, und dennoch diese Komplexität, diese mürben Tannine, die mich das ewige Vergehen auf köstlichste

Art und Weise spüren ließen, auf eine unglaublich lebensbejahende Art. Diese Überlegung behielt ich allerdings für mich. Sonst hätte noch jemand gedacht, ich läge über 1,1 Promille – und damit über der absoluten Fahruntüchtigkeit. Dabei hatte ich nur ein einziges Glas Wein getrunken, aber es war eben eines, das die Gedanken fliegen ließ.

Doch neben mir schwelgte man keineswegs! Man schwenkte, roch und schaute verdutzt. Warum ich denn gerade diesen Wein bestellt hätte, was daran so toll sei, er wäre doch einfach nur alt. Ich ließ die anderen in meine leuchtenden Augen schauen, in denen sich der Estrella spiegelte – doch es nützte nichts. Diese Männer, gestandene Weinvernichter, Reisende in Sachen Alkohol, ließen ihre Gläser rotieren, als könnten sie dem Wein dadurch beglückende Aromen entreißen.

»Und den findest du so toll?«, schallte es mir forsch entgegen.

»Jawoll!«, rief ich beglückt zurück, denn ich ahnte, der Rest in der Flasche würde mir gehören.

Koch Frank Buchholz setzte sich zu uns an den Tisch und erzählte, dass er alles an 77er Estrella Malbec aufkaufte, was ihm zwischen die Finger geriet. Ich mochte ihn schon wegen seines Essens, nun schloss ich ihn vollends ins Herz. So ernüchternd es ist: Selbst bei den großartigsten Weinen der Welt scheiden sich die Geschmäcker. Es ist schwer, vermutlich unmöglich, einen Tropfen zu finden, der alle Vinocracks der Welt gleichermaßen begeistert. Die Leichtigkeit des Estrella scheint für einige unerträglich, sie rufen nach Frucht, sie wollen die Faust im Samthandschuh, sie wollen wild erobert werden. Ich kann das verstehen – teile meine Begeisterung jedoch gerne. Der Estrella ist einer der Weine, an denen mein Herz hängt. Ein echter Solitär. Eine Weinsingularität, die es nur extrem selten gibt: Der nächste vom Weingut abgefüllte Jahrgang nach dem 1977er war 1994.

53
Wein, ärgere dich nicht

Mit diesem Kapitel will ich Sie ärgern. Und zwar extrem. Ich war einst essen, im Kölner Restaurant »Graugans«, das es heute leider nicht mehr gibt. Auf dem Plan stand ein Dessertmenü, und die damalige Sommelière Zoraida Dreesbach – eine gute Freundin – servierte zu jedem der Gänge den passenden Süßwein. Nun muss ich ergänzen, dass Patissier Matthias Ludwigs damals vom »Gault&Millau« zum Besten seines Berufsstandes gekürt worden war.

Und, tut's schon weh, das zu lesen?

Bevor es an die Naschereien ging, legte ich mit einer Erdnussschaumsuppe und dem perfekt austarierten »Signature Dish« von Koch Michael Kreiling – Heilbutt mit Kokos-Chili-Soße – eine ordentliche Grundlage. Der Fischgang war wie asiatische Kalligrafie, wenige, perfekte Striche ergaben eine faszinierende Welt. Der Zucker-Super-GAU konnte kommen!

Zur »Praliné Crème brûlée/Nashi-Birnen/Thai-Basilikum« wurde eine gereifte Riesling-Auslese vom Weingut Keller (Flörsheim-Dalsheim) gereicht, welche die Brücke zwischen den zwei unterschiedlichen Dessertteilen bildete. Noch besser war der schwere elsässische Gewürztraminer zu »Geschmorte Quitten/Zimtblüten/Muscovadozucker«, denn neben den Fruchtaromen fand sich auch das Lebkuchenaroma darin wieder.

Richtig groß wurde es dann bei »Tansania Schokoladenschaum/Banyulsfeigen/Katafiteig«. Der rote kalifornische Süßwein »Rosenblum Cellars Late Harvest Zinfandel« kam gekühlt auf den Tisch. Es schmeckte, als würde das Dessert mit feinstem Kirschlikör aufgegossen, die Süße von Wein und Nachspeise war perfekt austariert.

Der Tisch und die Stühle hoben sich zur Restaurantdecke. Göttlich!

Wenn ein Wein nicht bloß Begleiter der Speise, sondern – sagen wir es beherzt – die Affäre des Gerichts ist, dann schließe ich ganz automatisch die Augen. Weil sich das Schauspiel nicht sehen, sondern nur schmecken lässt. Ich wechsle dann in Zeitlupenmodus und löffele/gabele wie ein Faultier, um auch ja alle Feinheiten wahrzunehmen. Mit anderen Worten: Ich bin in diesen Momenten ein miserabler Tischpartner. Allerdings stellt sich solch ein Augenblick reinster Wonne immer seltener bei Desserts ein. Was einen einfachen Grund hat: Sie treten nicht mehr solo auf. Zwei, drei, vier wichtige, zum Teil kontrastierende Elemente finden sich auf dem Teller – und ein Wein soll zu allen perfekt passen? Bridgestone wäre euphorisch, wenn sie einen Reifen produzierten, der auf Traktor, Rennsemmel und Smart passt, ein ebensolches Ding der Unmöglichkeit. Die Zampanos in der Küche, die ihre vielen kleinen Schüsselchen und Schälchen, Spieße und Gläschen einsetzen wollen, schert das natürlich wenig. Sie fackeln ihre süßen Feuerwerke ab. Ich bin durchaus dankbar dafür – aber dem Sommelier muss dies den Schweiß auf die Stirn treiben. Meist wählt er, Kücheneinmaleins, den kleinsten gemeinsamen Nenner. Der tut nicht weh, aber Lust schmeckt anders.

Möglich ist die perfekte Weinbegleitung nur, wenn Patissier und Sommelière wie in der »Graugans« zusammenarbeiten, wenn das Gericht auf den Wein abgestimmt wird – denn andersherum ist es aufgrund endlicher Weinkeller schlicht unmöglich.

Anders ausgedrückt: Sommeliers an die Macht! Lasst sie in die Küche, denkt den Wein beim Kochen gleich mit.

Und wenn Sie Wein beim Kochen verwenden: Nehmen Sie keine Plörre! Denn Gerbstoffe und Körper bleiben beim Kochen erhalten, auch Säure und Zucker. Grundsätzlich gilt: Einen Wein, den man zum Kochen verwendet, sollte man auch mit Genuss trinken können. Schütten Sie allerdings nicht den guten Latour in die Soße, denn die Feinheiten eines Weins gehen tatsächlich verloren, wenn man ihn als Kochzutat verwendet. – Das beste Rezept für Kochwein lautet übrigens: Man nehme ein Glas Kochwein und gebe es in den Koch.

Um den Schmerz zu lindern, der sich einstellte, weil ich eben von einem Restaurant und einem Menü schrieb, das es so nicht mehr gibt: In Berlin existiert mit dem »CODA« ein famoses und sogar mit einem Michelin-Stern ausgezeichnetes Dessertrestaurant. Ein Besuch dort ist – ob mit oder ohne Weinbegleitung – ein besonderes Erlebnis für jeden Genießer.

54
Wenn der Wein glüht

Ich gebe zu: Ich habe jedes Jahr wieder Angst, wenn die Weihnachtsmärkte wie Pilze aus dem Boden schießen. Denn allüberall unter Tannenspitzen seh' ich silberne Glühweintöpfe sitzen. Und immer wieder tappe ich in die Falle. Dabei gibt es so viele andere traditionelle wie köstliche Gaumenfreuden auf den Märkten: gebrannte Mandeln, Dampfnudeln, Lebkuchen, Nasigoreng.

Zuerst puste ich wie ein Dummer in den glühend heißen Glühwein und trinke dann vorsichtig einen ersten Schluck. Es kommt mir jedes Mal vor, als lutsche ich an einem Lötkolben – danach sind meine Geschmacksknospen karamellisiert. Aber ich trinke weiter! Wobei ich nicht viel schmecke. In der Tasse könnte auch kochendes Red Bull sein. Wenn das Zeug endlich kalt geworden ist, erinnert es an flüssige Marmelade, in die ein Auto-Duftbäumchen (Sorte Teutoburger Wald) getaucht wurde. Selbst das angenehm kuschelige Gefühl leichten Alkoholgenusses stellt sich nicht ein, denn die Stände haben ihre Glühweinautomaten so weit aufgedreht, dass der ganze Alkohol verdampft. Dabei würde der sicher helfen, selbst gedrehte Honigkerzen, Traumfänger und in großen Angriffsformationen auftauchende Räuchermännchen aus dem Erzgebirge zu ertragen. Zudem verändern die Glühweingewürze durch das Kochen ihren Geschmack nachteilig, und das Zuckerabbauprodukt Hydroxymethylfurfural entsteht. Verdacht: krebserregend.

Was zieht mich also immer wieder zum Glühwein? Ich weiß doch, dass es sich um miserablen Grundwein, naturidentische Aromastoffe und säckeweise Zucker handelt. Das Hygieneinstitut Hamburg stellte gar die »Tendenz zum leichten Mäuseln« fest. Anders ausgedrückt: Die Plörre schmeckt nach Mäuseharn. Ich bin wahrlich nicht masochistisch veranlagt, ich liebe meine Geschmacksnerven. Und doch halte ich irgendwann wieder eine braune Tasse mit gemaltem goldenen Weihnachtsbaum in Händen und nippe.

Warum nur koche ich nicht zu Hause mal einen richtig leckeren Glühwein? Klassisch mit Zimt, Gewürznelken, Zitronenschale und Sternanis? Antwort: Weil ich es nicht übers Herz bringe, Gewürze in einen guten Tropfen zu werfen. Das geht mir gegen die Ehre. Deshalb habe ich niemals Glühwein gekocht – obwohl ich regelmäßig Säckchen mit Würzmischungen von Verwandten, Freunden und anderen wohlmeinenden Gästen erhalte. Thomas Scholl aus Baunach verspricht mit seinem »Original Bamberger Weihnachtspunsch« einen Ausweg aus dieser Misere. Das Gebräu erhielt den Silbernen Preis der DLG, das Familienrezept stammt aus dem Jahr 1884, verwendet werden ausschließlich natürliche Zutaten, darunter echter Rum, echte Vanille, alles naturtrüb abgefüllt. Scholls Mixtur ist wirklich trinkbar, man kann sogar sagen: lecker. In seinem Pressetext zitiert er DLG-Prüfungsleiter Dr. Senn, es gebe kein vergleichbares Produkt auf dem Markt.

Ich tue es ungern, aber in diesem Fall muss ich dem guten Dr. Senn widersprechen. Einige Winzer produzieren Ähnliches. Es sind verwirrte Geister, keine Frage, aber wenn ein eigentlich guter Winzer Kram in seinen Wein wirft, dann muss dieses Gemisch jemand trinken – und ich komme meiner Bürgerpflicht da durchaus nach. Immer mehr Güter bieten selbst gepanschten, pardon: hergestellten Glühwein an, darunter respektable Betriebe wie Anselmann in Edesheim oder Schmitt-Peitz in Wallhausen. (Das Altenahrer Weingut Sermann offeriert im Wonnemonat Mai sogar eine Maibowle aus Müller-Thurgau und Waldmeister. Sie ist köstlich und stets im Handumdrehen ausverkauft.) Wenn solche Produkte den Weg auf die Weihnachtsmärkte fänden, müsste in Zukunft niemand mehr Angst haben. Aber das bleibt wohl – jahreszeitlich passend – erst mal ein frommer Wunsch.

55
Darf Hervé das?

Cour-Cheverny? Na klar, kenne ich. Wer nicht? – Ehrlich gesagt hatte ich bis zu diesem Moment nur den Namen gehört und vielleicht in einer Mammutverkostung von Loireweinen mal einen getrunken, aber so was darf man als gestandener Weinjournalist ja nicht zugeben. Es wird grundsätzlich davon ausgegangen, dass man jede Region kennt und selbst bei Tropfen aus dem lettischen Kurzeme mindestens drei Spitzenwinzer fehlerfrei buchstabieren kann. Mittlerweile habe ich recherchiert: Wein von gerade einmal 41 Hektar Rebland am linken Ufer der Loire darf sich mit dem Namen Cour-Cheverny schmücken. Hergestellt werden ausschließlich Weißweine aus der seltenen lokalen Rebsorte Romorantin. Die natürliche Kreuzung aus Pinot und Gouais Blanc wird seit dem 16. Jahrhundert vor Ort angebaut. François I. (ein Renaissancekönig, der die Schweizer 1515 bei der Schlacht bei Marignano schlug und zahlreiche Liebschaften unterhielt) ließ die Rebstöcke aus dem Burgund importieren. Damals hieß die Rebe noch Dannery, doch da François' Schloss den eingängigen Namen Romorantin trug, wurde sie unter diesem bekannt.

Ich nahm skeptisch das Glas vom Weinhändler meines Vertrauens entgegen und senkte das Riechorgan hinein. Es roch …

fremd. Nicht nur, weil der Wein oxidativ ausgebaut war, die Aromen von Honig, Haselnuss, Rhabarber und Birne sich erst nach und nach erschlossen und der Wein immer besser wurde. Nicht, weil er eine wunderbare leichte Cremigkeit und Frische mit einer widerborstigen, fast kratzigen Art verband. Da war noch etwas. Ein merkwürdiger Holzgeruch, fast floral. Ich fragte nach, was es mit diesem Domaine du Moulin Les Acacias auf sich hat. Es stellte sich heraus, dass Winzer Hervé Villemade aus Cellettes – ein Biodynamiker alter Schule, politisch links von Gregor Gysi – diesen Wein in vier Demi-muits (600-Liter-Fässern) ausbaut. Das Außergewöhnliche daran: Eines davon ist aus Akazienholz, die Sonderanfertigung eines regionalen Tonneliers. Er benutzt es jeweils drei Jahre lang.

Darf man das? Aber klar, es ist eine alte Tradition, die zwischenzeitlich komplett verschwunden war. In Europa wurde seit der Römerzeit Bleioxid oder Bleiacetat in Wein geschüttet, das greift Gott sei Dank niemand mehr auf. Hervé Villemades Wein duftet dank dem Holz jetzt also nach Akazien. Gilt das schon als Aromatisierung? Ist es zukünftig erlaubt, Weinbergpfirsiche in Riesling-Tanks zu werfen? Muskatnüsse in Müller-Thurgau? Ist das überhaupt noch Wein? Meine Güte, ja! Und was bin ich glücklich darüber. Ein Solitär, den man selten einmal findet, ein Wein, der komplett eigene Wege geht. Das Akazienholz erweitert die Komplexität des Romorantin und fügt sich harmonisch dem Wein an. Es wirkt nicht fremd, sondern schlüssig. Nicht gewollt, sondern gekonnt. Ist das nicht das Wunderbare? Weine, die man sich wegen ihrer Fremdheit »ertrinken« muss? Deren Faszination totales Neuland ist? Die Weinwelt ist ein Fass ohne Boden. Und das ist in diesem Fall mal etwas Gutes!

Seit diesem Erlebnis halte ich die Augen weit auf nach Weinen, die im Akazienholz ausgebaut wurden – und 2019 produzierte ich mit dem famosen Christian Dautel aus Württemberg selbst einen. Es zeigte sich: Auch die Lemberger-Traube liebt Akazie!

56
Wenn Winzer Briefe schreiben

Aaron Schwegler aus Korb am Rande des Remstals hat es geschafft. Mein Vater liebt seine Weine – obwohl er den dynamischen Württemberger Winzer nie getroffen hat. Das ist äußerst ungewöhnlich. Mein Vater ist nämlich kein Etikettentrinker, auch der Preis eines Weines ist ihm wurscht. Er trinkt keinen Riesling, Nebbiolo oder Cabernet. Er trinkt einen Wein von Toni Jost, Bruno Giacosa oder Stephen Henschke. Mein Vater trinkt Weine von Winzern, die er mag. Ein Tropfen kann noch so viele Medaillen oder Punkte von Weinkritikern erhalten, das schert meinen Vater wenig. Wenn ein hochgelobter Weingutsbesitzer sich ihm gegenüber danebenbenommen hat, kommen ihm dessen Bouteillen nicht mehr auf den Tisch.

Man merkt seine besondere Beziehung zu Weinen schon daran, wie er eine Flasche präsentiert. »Ich öffne mal einen Tropfen von unserem Freund Wehrheim. Mal schauen, was er gemacht hat!« Für ihn sind Weine wie Briefe. Was hat Franz Wehrheim uns diesmal geschrieben? Die Weine erzählen meinem Vater vom Jahr ihres Reifens, ihrer Heimat, ihrem Winzer. Die Flaschenetiketten sind ihm lieber als jedes Hochglanzfoto. Er blickt sie lange an, fährt mit den Fingerspitzen darüber. Seine Augen strahlen geradezu, wenn er einen »d'r

Oifache« von Aaron Schwegler erblickt. Der einfache Literwein ist für ihn Kult, begleitet der Tropfen ihn doch schon so viele Jahre lang. Ebenso ergeht es ihm mit dem Frühlingsplätzchen von Schönleber, der Hermannshöhle von Dönnhoff, dem Plauelrain von Laible oder den Weinen seiner geliebten Ahr, wo er mit so vielen Winzern per Du ist. All diese Weine sind das Blut in seinen Adern. Wie freut er sich, wenn er einen alten, staubbedeckten Wein findet, der Korken ist intakt, der Schulterstand optimal, und im Glas gebärdet er sich wie ein Jungspund. Wie stolz ist er dann auf »seinen« Winzer, am liebsten möchte er ihn gleich anrufen und davon erzählen. Kein olympisches Gold für Deutschland kann dieses Gefühl übertrumpfen. Es ist ein einzigartiger Sieg über die Zeit.

Weine ohne persönliche Komponente können noch so faszinierend sein, sie bleiben ihm fremd. Er ist ein Büchernarr, liebt Geschichten, und auch seine Weine müssen Geschichte haben, Geschichten sein. Anonyme Massenprodukte sind ihm ein Graus. Je mehr er einen Winzer schätzt, desto inniger liebt er dessen Wein. Er verzeiht ein schwaches Jahr und freut sich über ein gutes – denn er gönnt es dem Winzer von Herzen. Ein wenig ist er wie einer dieser verschrobenen Dorfbewohner im Süden Italiens, die nur Weine von den Hügeln ringsum trinken, von Winzern, die sie seit Kindertagen kennen. Doch das Dorf meines Vaters ist die Welt. Nicht das Entdecken von etwas Neuem, sondern das Wiedersehen mit Bekanntem ist ihm wichtig. So wird Wein zu flüssiger Heimat.

57
Riesling auf Reisen

Ort der Handlung: das Sternerestaurant »Daniels« in Manhattans 65th Street. Ich suche einen Wein, der zu unserer Runde passt. Ein amerikanischer Riesling? Fehlanzeige. Ein trockener deutscher Weißwein vielleicht? Ebenfalls Fehlanzeige (stattdessen eine ganze Reihe herausragender fruchtsüßer Spätlesen). Ich wähle einen Riesling aus Australien. Immerhin habe ich dort mal studiert (*73). Das Weingut Kilikanoon (Clare Valley) hat einen sehr guten Ruf für seinen Riesling, den angebotenen Jahrgang hatte ich allerdings noch nicht verkostet.

Die Gläser wurden gefüllt. Ich hatte strahlende Fruchtaromen erwartet. Doch nix da. Der Wein – obwohl erst wenige Jahre alt – wirkte stattdessen leicht firn. Ich schwenkte das Glas und ließ ihn wärmer werden. Es wurde nicht besser.

»Kann es sein, dass der Wein korkt?«, fragte meine Begleitung leise, die mit dem von mir ausgewählten Tropfen auch nicht glücklich war.

Nach einem Korkfehler roch es eigentlich nicht, aber die Aromen lagen wie unter einer Nebeldecke, die Säure beherrschte einen leeren Körper, und der Abgang war kurz. Das konnte ein Korkschleicher sein, der als solcher nicht zu riechen ist, einen Wein aber ausgeblichen wirken lässt. Ich hatte keine Lust, ein fantastisches Menü mit einem schlechten Tropfen zu begleiten, also fragte ich den Sommelier.

»Not possible«, antwortete er. »It's a screw cap.«

Er zeigte mir das Beweisstück. Zwar hatte ich schon Gerüchte über Winzer gehört, die ihren gekorkten Wein in Flaschen mit anderem Verschluss umgefüllt und behauptet haben sollen, er könne überhaupt nicht »korken«, aber dieser Wein war anscheinend genau so gedacht. Ich hätte keine deutschen Maßstäbe anlegen dürfen. Der Kilikanoon war eben anders. Ach, was schreibe ich da: Der Wein war eine herbe Enttäuschung. Eleganz, Klarheit, brillante Säure, Spiegelung des Terroirs, das sind die Säulen der Rieslingrebe. Wenn sie ihre Stärken nicht ausspielt, hat der Winzer Unzucht mit Trauben getrieben. Vor allem sollte solch ein junger Riesling wie eine übermütige Obstverkäuferin mit Fruchtaromen um sich werfen und frisch sein. Ich mag den Begriff »resch«, um eine prägnante Rieslingsäure zu beschreiben. Er klingt ein wenig nach »frech«. Genau so liebe ich Riesling. Keck, als würde die Traube mich foppen. »Na, ist das schon zu viel Säure für dich, Kleiner? Kitzelt das zu sehr? Oder gefällt dir das? Mhm?« Dann ist Riesling verdammt sexy. Der Wein in meinem Glas verfehlte mein Lustzentrum total. Ich bin kein scheuklappenblinder Rieslingpatriot. Ich liebe die Tropfen aus dem Elsass und Österreich. Und mit Grossets Polish Hill, der allgemein als bester Riesling Australiens angesehen wird, verbrachte ich bereits wundervolle Abende – auch wenn ich für die einsame Insel einen deutschen Riesling vorziehen würde.

Natürlich werde ich trotz des Erlebnisses im »Daniels« auch weiterhin Riesling aus aller Herren Länder probieren, weil ich wissen will, wie »meine« Rebe sich dort schlägt (sie steht in meinem Weinberg an der Mosel). Außerdem freue ich mich jedes Mal, wenn Winzer aus fernen Regionen meine Begeisterung für die Traube teilen. Alle sollten das Hohelied auf den Riesling singen. Er hat es verdient! Der Sommelier brachte uns übrigens netterweise zusätzlich – und ohne ihn zu berechnen – einen großartigen Sauvignon blanc aus Neuseeland. Den Riesling habe ich nicht mehr angerührt.

58 Eine nächtliche Begegnung

Es war 23:00 Uhr. Der Abend war gelaufen. Eine schöne, aber lange Veranstaltung in einer Weinhandlung lag hinter mir, und ich wollte nur noch nach Hause ins Bett. Da streckte mir ein burschikoser Winzer mit Struwwelfrisur seine Hand entgegen. Und da er mir sofort sympathisch war, trank ich den von ihm mitgebrachten Wein. Auf dem Flaschenetikett stand »Ohne Filter«, ich dachte an Zigaretten, die einen die volle Dröhnung Teer und Nikotin spüren lassen, Wein also fürs fröhliche Delirium. Stolz hielt der Mann, der sich als Franz Herbster aus Ehrenkirchen im Markgräflerland herausstellte, die Flasche ins Lampenlicht. Die Flüssigkeit im Inneren war trüb. »Nicht gefiltert.« Herbster strahlte, schüttelte die Flasche und goss den Wein ins Glas. Ein trockener Gutedel, vermarktet als Tafelwein, da Qualitätswein filtriert sein muss.

»Ganztraubenpressung, nicht angereichert, spontan durchgegoren – so wie vor fünfzig Jahren.« Natürlich damals nicht in gekühlten Edelstahltanks, aber Herbsters Ansatz ist klar. Die wichtigste Zahl auf dem Etikett ist 10,5. Der Alkoholgehalt. Geradezu lächerlich niedrig für einen trockenen Wein. Deshalb ist er auch unfiltriert. Herbster will dadurch sämtlichen

Geschmack erhalten, den »fehlenden« Alkohol kompensieren. In meiner nächtlich erschöpften Verfassung tat er mir gut, gab Schwung für die Rückfahrt (nur ein Glas, nicht dass falsche Gedanken aufkommen!). Aber würde dieser merkwürdige Tropfen auch die heimische Verkostung bestehen? Vor seiner Zeit im Heger'schen Weingut Fischer hat Franz Herbster beim Ehrenstetter Winzerkeller den erfolgreichen Chasslie kreiert, einen Chasselas sur lie – Gutedel mit langem Feinhefelager. Ein echter Coup.

Obwohl in Deutschland gut 1100 Hektar mit Gutedel bestockt sind, führt die uralte Rebsorte ein Mauerblümchendasein. Ganz anders in der Schweiz, wo sie als Chasselas und Fendant bekannt ist. Der Gutedel ist wie Ovomaltine: bei den Eidgenossen ein Star, bei uns unter »ferner liefen«. »Das liegt an den Böden«, erklärte Franz Herbster. »Bei uns steht er einfach nicht in solchen Spitzenlagen wie am Genfer See.«

Der Wein schmecke ein wenig wässrig, urteilte eine Bekannte bei der heimischen Probe. Wie Schorle. Mir ist klar, was sie meint. So leichte, trockene Weine ist man kaum noch gewohnt. Und im Gegensatz zum Riesling, der mit seiner Säure fehlende Alkoholwucht kompensieren kann, steht der Gutedel etwas nackig da. Das bedeutet aber nicht, er sei weniger reizvoll. Er duftet klar und knackig nach grünem Apfel, Birne, etwas Artischocke und Joghurt, im Mund schmeckt er angenehm nussig. Der »Ohne Filter« ist zupackend und würzig, mit erstaunlich langem Abgang. Nur spritzig ist er nicht, deshalb sollte er auch kalt getrunken werden. Die Frage drängt sich auf: Sind wir in Deutschland schon so alkoholisiert, dass uns ein Wein mit 10,5 Prozent wie Spülwasser vorkommt? Das ist kein Plädoyer für den kalten Entzug in Form von Gutedel. Aber dafür, das Spektrum des Alkohols mal wieder nach unten auszureizen. Nicht die Frage zu stellen: Wie bekomme ich mit fünfzehn Prozent einen filigranen Spätburgunder hin? Sondern: Wie viel Prozent braucht ein trockener Riesling? Nur zur Abwechslung.

Heute heißt der Wein Chasselas sur lie und hat in manchen Jahren auch schon mal mehr Umdrehungen. Aber ob mehr oder weniger: Es sind stets genug.

Zum wichtigen Thema Schorle noch ein paar Sätze: Man muss die Pfälzer einfach lieben, oder? Nur sie konnten ein Glas erfinden, dass runde Vertiefungen aufweist, die sogenannten »Dubbe« (Tupfen), damit es einem nicht so leicht aus der fettigen und feuchten Hand rutscht. Safe drinking uff pälzisch!

Das Dubbeglas fasst einen halben Liter und besitzt damit das Fassungsvermögen eines echten Schoppens. Ideal ist es für eine Schorle. Bei Schorle ist die deutsche Sprache eine besonders schwere Sprache, denn normalerweise ist es »die Schorle«, in der Pfalz »der« und in Baden-Württemberg neben »der« sogar »das Schorle«. Schön ist die deutsche Sprache dagegen, was die Herkunft des Namens Schorle betrifft, denn laut Duden stammt er von »Schurlemurle« ab – was auch als Kosename für Katzen funktioniert. Als »Spritzer« oder »Gespritzter« ist die Schorle ebenfalls bekannt, aber ich trinke sie aus Gründen sprachlicher Schönheit konsequent als Schurlemurle.

Eine Hälfte Weißwein und eine Hälfte sprudelndes Wasser ist das übliche Mischverhältnis. In der Pfalz hatte ich aber auch schon Schorlen, die Wasser nur vom Hörensagen kennen. Riesling, Silvaner und Müller-Thurgau sind klassische Rebsorten für Schorlen, wobei ich vor allem auf letztere schwöre. Falls Eiswürfel reinkommen: weniger Wasser nehmen. Denn Eiswürfeln ist zu eigen, dass sie irgendwann schmelzen.

Rotweinschorle geht auch, allerdings beißen sich Tannine und Kohlensäure, also besser Wasser mit etwas weniger Kohlensäure und Rotwein mit wenig Tanninen wählen, zum Beispiel Portugieser oder Spätburgunder.

Süße Schorlen gibt es auch, mit Limo oder Cola gemischt und regional unterschiedlichen Namen wie Bonanza oder Korea. Wäre ich eine Westernserie oder ein Land, würde ich mir allerdings wünschen, nicht so verewigt zu werden.

59 Eine kurze Kolumne über die Zeit

Ich bin der Cantina Terlan aus Südtirol ja so dankbar, dass sie mir die falschen Flaschen zugeschickt hat! So kam ich nämlich in den Genuss eines richtig alten Weißweins: eines 84er Chardonnay. Die Flasche stammte aus dem Weinarchiv der Südtiroler und sah angemessen angestaubt aus. Ein Wein aus dem großen Eichenfass mit biologischem Säureabbau. Das Etikett von schwarzem Schimmel bedeckt. Alkohol, Säure, Zucker und Tannine sind niedrig. Mit anderen Worten: Das sollte Plörre sein.

Doch dem Glas entströmen Lindenblüten, Akazienhonig, die Säure ist frisch, die Firne dezent und hochfein, Haselnusskrokant mischt sich in die transparenten, floralen Aromen, eine majestätische Feinheit. Der wunderbar trinkbare Beweis dafür, dass ein schlanker Wein altern kann. Ein Wein, mit dem man bei der Blindprobe jeden Weincrack aushebeln kann – und es macht so viel Spaß, ihn zu trinken! Aber eigentlich wollte ich ja ganz andere Weine verkosten, die über die Zeit noch lauter lachen können. Bei einer Probe in der Kölner Flora hatte ich die exklusiven Weißweine der Cantina Terlan erstmals verkostet. Rund zehn Jahre reifen sie im Edelstahltank auf der Weinhefe. Ich erinnere mich noch genau daran, wie verdutzt ich war: »Wie bitte? Sie meinen, die sind nach der Feinhefelagerung für zehn Jahre ins Fass gekommen?« – »Nein. Zehn Jahre Edelstahltank.« – »Im Edelstahltank?« – »Im Edelstahltank!« Das hätte noch eine Weile so weitergehen können, aber mittlerweile war mein Glas gefüllt worden, und ich trinke grundsätzlich lieber, als dass ich rede.

Mit der zweiten Lieferung der Terlaner kamen ein 1992er Chardonnay sowie ein 1996er Pinot Blanc. Und diese beiden alten Weine konnte ich nicht fassen. Sie waren extrem ausgewogen, mit einer hochfeinen Textur und einer fast bitzelnden Frische. Vor allem der 96er schmeckte, als wäre er gestern erst auf die Flasche gezogen worden. Und auch wieder nicht. Denn die Tropfen ruhten in sich selbst, wie es junge Hüpfer nie tun. Paradoxe Weine. Auf dem Etikett ist die Jahreszahl größer als die Rebsorte und der Erzeuger angegeben. Das macht Sinn. Denn es sind Zeitkapseln. Raumschiff-Enterprise-Weine. Jedoch nicht aus der Zukunft, sondern aus der Vergangenheit.

Die besondere Magie des Weines, die uns von Wandel erzählt, von Wachsen und Werden, wird hier auf ganz andere Weise ausgedrückt. Der 92er und der 96er zeigen eine Alterung ohne Sauerstoff, nur mit der Feinhefe – und mit sich selbst. Es sind die introvertiertesten Weine der Welt. Eremiten, die meditierend in ihrer Höhle gesessen haben und nun ans Tageslicht treten, ohne dass ihre Haut durch Sonnenstrahlen gealtert wäre. Aber innerlich, da sind sie gereift! Es sind keine konservierten Tropfen, sie sind ein schmeckbares Gedankenspiel über Zeit, das uns auch selbst die Frage stellt, wie wir altern wollen. Dem Klima ausgesetzt, nur notdürftig geschützt, oder abgeschottet, unsere Jugend bewahrend? Die Terlaner Feinhefeexoten sind wahrhaft philosophische Weine. Und sie schmecken fantastisch. Auf diese Art und Weise habe ich Frische noch nie mit Cremigkeit und Harmonie vorgefunden.

60 Hochspannung beim Weinroulette

Manchmal lasse ich einfach den Zufall entscheiden. Dann mache ich das Licht im Weinkeller aus, drehe mich ein paarmal im Kreis und greife beherzt zu. Und den Wein gibt es dann zu trinken. Umtausch ausgeschlossen. Ich finde, auf eine gewisse Weise ist diese Art der Weinauswahl absolut logisch. Sie lässt den Zufall, der den Wein schon sein ganzes Leben begleitet hat, auch in den letztendlichen Genuss eingehen. Es ist schließlich zu einem Großteil Zufall, welcher Winzer welche Rebsorte in welchem Anbaugebiet wie ausbaut. Das Klima ist natürlich ebenfalls zufällig – auch wenn der Mensch alles dafür tut, dass es beständig wärmer wird. Bei Weinen mit »wilden« Hefen passt die Schlussfolgerung natürlich am allerbesten: spontan vergoren, spontan getrunken!

Als ich dieses Mal das Licht wieder anmache, halte ich einen gereiften Riesling »Waltraud« von Miguel Torres aus dem Penedès in der Hand. Den berühmtesten Riesling Spaniens. Was nicht viel heißen will, da die Konkurrenz kleiner ist als die örtliche Hängebauchschwein-Population. Ich hatte ihn mir einst gekauft, um ihn blind gegen deutsche Rieslinge antreten zu lassen. Zu der Probe ist es aber nie gekommen, und so wurde der Gute im Keller einfach vergessen. Wie so viele andere Weine auch. Mein Weinkeller besteht mindestens zur Hälfte aus Vergessenen – die sich häufig in wunderbare Überraschungen verwandeln. Es ist manchmal das Allerbeste, einen Wein zu vergessen. Da ist die Freude beim Wiedersehen umso größer.

Allerdings trug ich »Waltraud« ohne einen Funken Vorfreude die Treppe hoch, nachdem ich zuvor zum Vergleichen noch eine Riesling Selection Monzinger Frühlingsplätzchen vom Nahe-Weingut Bamberger aus demselben Jahrgang geschnappt hatte. Die gotische Schrift und das irgendwie deutschtümelnde Etikett ließen Schlimmstes erahnen. Diesen Wein wollte ich einfach nie trinken.

Aber beim Weinlotto war er gezogen worden, also Korkenzieherspindel rein, raus mit dem Korken, und ab ins Glas. Und nicht an meine Tante denken!

»Waltraud es un vino diferente – noble frutode las cepas Riesling« lese ich auf der Flasche und rieche Paranuss, Wachs, verbranntes Karamell, Honig, weißen Pfeffer, irgendwo auch Apfel und Mango. Anders ausgedrückt: Der Wein ist firn und die Frucht weg. Ich trinke trotzdem. Er schmeckt hart und bitter. Ich muss mich der Realität stellen: Dieser Wein ist in meinem Keller verstorben. Friede seiner Flasche. In seiner Jugend war das Gesöff für rund zwölf Euro sicher mal ein leckerer Tropfen. Aber jetzt ist er eine Niete im Weinlotto. Die Zusatzzahl ist Gott sei Dank besser. Der Nahe-Riesling aus demselben Jahrgang duftet nach frischem Apfel und weißen Blüten, ist im Mund leichtfüßig und frisch. Ich bin am Abend dann noch mal in den Keller gegangen, hab das Licht ausgemacht und einen Wein gezogen. Denn beim Weinlotto gibt es immer eine Zusatzzahl.

61
Jeder Cent zählt!

Ich bin ja so was von erleichtert. Jahrelang habe ich mir Sorgen gemacht, für etliche Flaschen in meinem Keller zu viel Geld ausgegeben zu haben. Dank des California Institute of Technology in Pasadena kann ich jetzt wieder ruhig schlafen, denn eine Studie dort ergab, dass teurer Wein besser schmeckt.

Bei Versuchsteilnehmern, die vermeintlich teuren Wein probierten, stieg die Aktivität in einer Gehirnregion (dem medialen orbitofrontalen Cortex, um genau zu sein) deutlich an. Und diese entscheidet mit über den Geschmack. Die Probanden mussten ihren Cabernet Sauvignon dafür in einem gemütlichen Magnetresonanztomografen genießen. Teilweise ließen die Forscher ihre menschlichen Versuchskaninchen denselben Wein ein zweites Mal probieren – nur verrieten sie das nicht, sondern behaupteten dreist, es handele sich um einen teureren Tropfen. Der schmeckte dann auch gleich viel besser.

All die Schnäppchensucherei ist also unnütz, die Discounter können ihre Weinoffensiven für alle Zeit beenden. Ein Eiswein für 3,99 Euro bringt es einfach null. Geiz schmeckt nicht. Habe ich früher den Einkaufspreis meiner Weinschätzchen schnell verdrängt, schreibe ich ihn jetzt mit goldenem

Edding auf die Flaschen. Auch damit ihn meine Gäste sehen, wenn ich abends einen ausgebe – denen soll es ja auch schmecken! Für zweit- und drittklassigen Besuch beschrifte ich die Plörre vom Pizzataxi jetzt einfach mit »vierzig Euro«. Da fühlt sich selbst Tante Lisbeth wie die Königin von Saba – und lässt sogar ihren Eierlikör stehen. Der kostet ja auch nur fünf Euro.

Nun will ich mir natürlich unbedingt mal wieder eine Flasche Le Pin gönnen, auch einen Screaming Eagle aus den Staaten sowie Ermita und Pingus aus Spanien. Das muss schließlich orgiastisch werden! Der Topwein von DRC ist wahrscheinlich Ekstase in flüssiger Form. Darüber hinaus gilt es, meinen Weingenuss allgemein zu optimieren. Deswegen habe ich begonnen, meine Haus- und Hofwinzer zu bitten, endlich ihre Schnäppchenpreise zu erhöhen, damit die Weine ordentlich an Qualität zulegen. Je mehr, desto besser! Und im Restaurant denke ich mir das gepfefferte Trinkgeld beim Weingenuss jetzt schon mit. Merke: Geld macht wirklich glücklich. Und: Geld stinkt nicht. Im Gegenteil. Selbst Böckser und Korkschmecker wirken mit dem richtigen Weinpreis äußerst wertvoll. Eine sicherere Geldanlage als Wein wird man nun nirgendwo mehr finden. Danke, Pasadena!

62 Meine Begegnung mit Paris

Promiweine sind eine besondere Spielart der Fanverehrung. Ob Til Schweiger, Matthias Schweighöfer oder Gérard Depardieu, sie alle ermöglichen ihrer Schar an Bewunderinnen und Bewunderern, mit ihnen zusammen ein Glas Wein zu trinken. Beziehungsweise sich das vorzustellen.

Die meisten Promiweine sind zum Vergessen, an einen erinnere ich mich jedoch lebhaft: »Rich – The Paris Hilton Drink«. Man gönnt sich ja sonst nichts. Die Dose ähnelte Paris Hilton unverkennbar, sie glänzte und war schlank, ansonsten aber relativ ausdruckslos. Ich entschied mich damals für die Variante »Rich Passion«, der Herstellerinfo zufolge ein aromatisierter weinhaltiger Cocktail mit Passionsfruchtgeschmack. Daneben gab es noch »Rich Royal« (mit Erdbeer- und Cassisgeschmack) sowie »Rich Prosecco«, das Flaggschiff. »Serve Ice Cold« stand auf der Dose, für die mit heißen Fotoanzeigen geworben wurde. Ich erhielt einen goldenen Strohhalm dazu, der durch die eingedrückte Lasche (»Stay-on-Tab-Verschluss« heißt das Ding – ich hab's gewikipediat) zu stecken war. Neckisch. Ich war ehrlich gesagt ein wenig elektrisiert. Würde mich der weinhaltige Cocktail reich, sexy und hip machen? Paris Hilton ist immerhin Model und »It-Girl«, 360 Millionen Dollar schwer, hat über

250 Millionen Instagram-Fans und bekommt 100 000 Dollar, wenn sie für eine Party gebucht wird. Selbst wenn »Rich Passion« mir nur für ein paar Sekunden das Gefühl gibt, ich sei all dies, ist es sein Geld schon wert.

Das Zeug ist eiskalt, irgendwie zischt es im Mund, aber sehr verhalten. Es schmeckt vor allem nach Multivitaminsaft und erzeugt Sodbrennen. So also mundet das Leben der Stars! Ich fühle mich, nun ja, ein wenig angesagter. Eine spontanvergorene Rieslingspätlese, und sei sie noch so gut, gäbe mir nicht das gleiche Feeling.

»Rich Passion« schmeckte nicht dolle, war aber weniger süß als ein Alcopop – und das war ja wohl die Konkurrenz. Das Gesöff gab eine vage Idee davon, wonach Schaumwein schmecken könnte. So wie Knäckebrot eine Idee davon gibt, wie Linzer Torte schmeckt. Als die Dose länger auf und warm war, schmeckte es wie Paris Hiltons Füße in sechzig Jahren. Das wollte ich dann nicht mehr trinken. Da guckte ich mir lieber noch mal das Werbebildchen für den weinhaltigen Cocktail an. Es zeigte Paris Hilton lasziv gekleidet, mit großzügigem Einblick in ihr Dekolleté (sie war quasi halb nackt), ihr Mund war freudig geöffnet, und aus der geöffneten Dose, die sie wie einen Revolver von sich hielt, kam schäumend etwas rausgespritzt. Das war subtil. Das hatte Klasse.

Mir musste das aber gar nicht gefallen, ich war nicht das Zielpublikum. Schließlich brauche ich nur selten etwas, was »Hand und Lippe kühlt« (nur nach Prügeleien) sowie »die Stimmung anheizt«, so die Werbebotschaft. Anscheinend brauchte man das damals aber in Deutschland, Österreich, der Schweiz, Ungarn, Italien, Slowenien, den Beneluxländern, der Türkei, Spanien, Kanada, Brasilien, Südkorea und Indien – denn in all diesen Ländern wurde das Zeug verkauft.

63 Wer hat die größte, längste, dickste?

Das Schönste am Essen ist doch das Schmökern in der Weinkarte. Diese Namen! Und Zahlenkolonnen! Bewusst schlicht gestaltet, ohne überflüssige Information, wie das Telefonbuch einer Kleinstadt. Meine Begleitung findet es immer toll, wenn ich Ewigkeiten lese, statt mit ihr zu reden.

Ablegen darf man das Monstrum natürlich nicht auf dem Tisch, denn da liegt ja Besteck im Weg. Man muss es halten – das trainiert Bizeps und Trizeps. Ob wohl schon mal jemand einem Restaurant für dieses Gratis-Bodybuilding gedankt hat? Zu danken wäre auch dafür, dass jeder Gast im Buch lesen kann, wie viele Weine es auf der Welt gibt! Dabei ist es egal, dass neunzig Prozent davon zu keinem Gericht passen. Und Etliches davon ist überlagert – aber wo bekommt man namhafte überlagerte Weine schon flaschenweise ausgeschenkt?

Dieser Meinung sind übrigens viele Weinkarten-Wettbewerbe weltweit. Sie belohnen regelmäßig die dicksten Dinger. Ganz viele Überseeweine? Dafür gibt es einen Preis. Toll viele Champagner? Her mit der Trophäe! Und kommen Sie mir nicht mit dem Argument, dass es dann auch ein champagneraffines Menü geben müsste. Als hätte die Küche nichts anderes zu tun! Und überhaupt: Wer geht schon zum Essen ins Restaurant, wenn er in Deutschlands Gourmettempeln Spitzenweine – mit einem marginal zu nennenden Aufschlag – verkosten kann? Ich will nicht, dass der eitle Sommelier sich verewigt, indem er eine eigene Handschrift zeigt und sich auf Weine kapriziert, die zum Essen passen und die er selbst entdeckt hat. Ich will dieselben Weine wie in allen anderen Spitzenrestaurants – schließlich will ich auch überall Foie gras mit Brioche und zum Espresso Physalis, in Schokolade getunkt. Und wenn es das nicht gibt, habe ich immer noch die eine dicke Weinkarte, um den Laden kurz und klein zu schlagen.

64
Das Alphatier im Wein

Waren das noch Zeiten, als ein Wein einfach nur nach Traube, Boden und Klima schmecken musste. Zeiten der Unschuld. Heute braucht ein Wein ganz andere Qualitäten. Heute ist Spontanität gefragt. Sogar noch mehr: Wild muss er sein, Haare auf der Brust muss er haben. Ein spontan mit wilden Hefen vergorener Wein ist schon mal per se super, weil authentisch. Mag er auch nach ollen Zwiebeln duften und jedem ungeübten Weingenießer fehlerhaft vorkommen, wir schmecken die Persönlichkeit. Das ist ja so ein Zauberwort in unserer stromlinienförmigen Fernsehwelt, wo irgendwie alles gleich wirkt, wo alles geplant und absehbar ist, da muss wenigstens der Wein etwas Persönlichkeit haben. Da muss er ungezähmt sein, ein wildes Tier, das man sich nicht im Käfig, sondern in der Flasche hält und sich in großen Schlucken einverleibt.

Kannibalen aßen die getöteten Feinde, um deren Kraft in sich aufzunehmen. Das hat auch in Deutschland Tradition. Ein rund 7000 Jahre alter Fundort nahe Eisleben aus der bandkeramischen Kultur oder die Ausgrabungen in der Jungfernhöhle bei Bamberg zeigen diese außergewöhnliche Esskultur. Werden wir also ein bisschen spontaner und wilder, wenn wir so einen Tropfen zu uns nehmen? Ist die aphrodisierende Wirkung eines solchen Weines dadurch vielleicht sogar höher? Braucht es des Sekrets aus der Moschusdrüse des Ochsen dank wilder Hefen nicht mehr? Da muss sich doch jemand finden, der das wissenschaftlich untersuchen will! Wäre der »Sponti« ein Mensch, käme er direkt aus dem Weinberg, wo er Wildschweine mit seinen bloßen Zähnen gerissen hat – wir würden die Polizei rufen, wenn er vor der Tür steht. Aber er ist ja ein Wein, wir können ihn verschlingen, wir können ihn besiegen. In teuren Gläsern aus dünnem Glas. Mit klassischer Musik und Kerzenlicht zur Begleitung. Wir müssen uns deshalb aber nicht schuldig fühlen. Das hat alles mit Emotionen zu tun, und die haben ihren Ursprung in einem phylogenetisch sehr alten Teil des Gehirns – die Intelligenz ist dagegen viel jüngeren Datums. Darauf einen leckeren »Sponti«, und danach unbedingt wild den Mund abwischen.

65
Holz in der Hütte!

Hören Sie diese unmenschlichen Laute? Sie stammen von den Wahrern des reinen Weins, die wie transsilvanische Wölfe bei Blutmond aufheulen, weil Holzchips auch im europäischen Wein erlaubt sind, nachdem diese Praxis seit den 1980ern in der Neuen Weinwelt Erfolge feiert. Der Untergang des Abendlandes, der Durchmarsch des Coca-Cola-Imperialismus scheint besiegelt. In Zukunft wird jeder Wein wie ein Bücherregal von Ikea riechen!

Ein Kreuzzug ist das, der sofort wieder abgeblasen werden sollte. Wein liebt Holz: große Fuder, kleine Barriques, hölzerne Maischebottiche. Und Barriques kosten ab 400 Euro, Spitzenfässer über tausend Euro und werden meist nur drei, vier Jahre verwendet, weil danach keine Noten von Kokos, Vanille, Zimt und Holzrauch mehr an den Wein abgegeben werden.

Es geht doch nur um Eichenholzchips, die eine Zeit lang im Wein baden, und nicht um Spanplatten oder Laminatreste!

Okay, kleinere Bretter (Staves) sind auch erlaubt. Genauso flüssige Extrakte und Pulver. Wenn Weine aus der Neuen Weinwelt auf dem Etikett Bezeichnungen wie »oaked« und »wood matured« tragen, bedeutet dies nicht, dass sie in einem

Fass heranreiften, dafür braucht es den Begriff Barrel. In der EU dagegen darf ein Holzchip-Wein keinen Begriff auf dem Etikett tragen, der irgendwie auf Holz hindeutet. Es gibt aber auch keine Verpflichtung zu kennzeichnen, wenn mit Holzchips – die immer aus Eichenholz und komplett getoastet sein müssen – hantiert wurde.

Egal, was verwendet wird: Hinterher schmecken die dünnen Weinchen nicht mehr ganz so laff – wenn es gut gemacht ist. Wer kann da ernsthaft etwas gegen haben? Aber getan wird, als wär's ein Terrorangriff auf unsere Gaumen. Man muss den Weinzerstörer U. S. S. Spinning-Cone nicht willkommen heißen, um die kleinen Holzchips in unseren Wein springen zu lassen. Spitzenweine werden es sich, wie gehabt, in feinsten Barriques bequem machen dürfen.

Schauen wir doch optimistisch in die Zukunft! Holzchips eröffnen dem Winzer völlig neue Möglichkeiten. Aus Tropenholz lässt sich vielleicht kein ordentliches Fass küfern, aber ein paar Chips können immer abgehobelt werden! Also Mahagoni-Trollinger und Bangkirai-Riesling – dann kann der Wein passend aufs Mobiliar abgestimmt werden. Und anstatt die Chips verschämt auf dem Etikett zu verschweigen, sollte offensiv damit umgegangen werden.

Beim Whisky – zugegeben ein Gesöff zum Rachenputzen nach der Moorhuhnjagd – gelten Holzspäne in der Flasche als Qualitätsmerkmal, weil: total unfiltriert! Einige knackige Eichenchips in der Weinflasche könnten einen neuen Trend starten: Wein mit Knabbergebäck inklusive!

66
Reif für die Insel

Wenn ich für jedes Mal, das ich nach meinem Wein für die Insel gefragt worden bin, ein Brikett bekommen hätte, könnte ich heute säckeweise Diamanten pressen.

Meine erste Antwort auf diese Frage ist eigentlich immer: Eiswein. Das ist Nachtisch und Erfrischung in einem. Das ist für jeden Weingenießer ein Kurzurlaub im Glas, denn Geruchs- und Geschmackssinn übernehmen komplett den ganzen Kopf. Plötzlich denkt man an kühle Eisschollen, auf denen Obstbäume wachsen, und spürt schon die Skier an den Füßen. Dass all das keinen Sinn ergibt, stört Geruchs- und Geschmackssinn überhaupt nicht.

Aber jeden Tag Eiswein? Auf einer einsamen tropischen Insel? Mal ganz davon abgesehen, dass es dort mit einer serviergerechten Kühlung schwer wird – jeden Tag Eiswein, das ist Gift für den Zahnschmelz. Und man hat ja auch nicht immer Lust auf Süßes. Der Reiz des Besonderen wäre schnell verflogen, der lauwarme Eiswein bliebe verschlossen am Strand liegen, und man wäre einzig und allein auf Kokosmilch angewiesen.

Wenn ich etwas länger überlege, antworte ich: australischer Shiraz. Der ersetzt ähnlich wie Doppelbock eine vollständige

Mahlzeit. Vorspeise, Hauptgang, Nachspeise in einem. Da ist genügend Frucht, Alkohol und Extrakt drin, um bis ins hohe Alter gesund ernährt zu werden. Aber wenn ich noch etwas länger nachdenke, kommen mir auch bei dieser Wahl schwere Zweifel. So ein dicker Rotwein passt auch nicht wirklich zu Fischgerichten, die auf der Insel ja wohl an der Tagesordnung sein werden. Den vielen Alkohol verträgt man wahrscheinlich schlecht in der prallen Sonne – und ständig angeheitert ist man leichte Beute für den Weißen Hai.

Also auch kein Shiraz.

Es braucht etwas weniger Lebensgefährliches. Einen Spätburgunder von der Ahr.

Ich sehe keine andere Lösung. Nicht zu süß, nicht zu schwer, passt auch zu Fisch. Und mehr! Vereint diese Traube doch Eleganz und Struktur, zeigt sie doch wie in einem langsamen Kameraschwenk ihre Heimat in jedem Schluck. Ein Ahr-Spätburgunder wäre verkorkte Heimat. Das braucht man auf einer tropischen, menschenleeren Insel. Etwas gegen das Heimweh. Es gibt keine Jahreszeit und keine Tageszeit, zu der ich mir ein Glas guten Ahrspätburgunder nicht vorstellen könnte. Und auch keinen Ort, wo er mir nicht schmecken würde. Tropische Inseln eingeschlossen.

67
Der Wein der Unbeugsamen

»Wir befinden uns im Jahre 2010 n. Chr. Ganz Deutschland ist von Weißweinreben besetzt … Ganz Deutschland? Nein! Ein von unbeugsamen Winzern bevölkertes Tal hört nicht auf, dem Eindringling Widerstand zu leisten.« Zugegeben, es gibt an der Ahr auch Weißwein, sehr guten sogar, aber so ein bisschen kommen mir die Talbewohner immer wie unbeugsame Rotwein-Gallier vor. So weit im Norden rote Trauben anzubauen ist klimatisch eigentlich Wahnsinn, was sich unter anderem daran zeigt, dass die beiden nächstgelegenen Anbaugebiete – Mittelrhein und Mosel – voll auf Riesling setzen. Und es ist nicht einfach nur Rotwein, nein, das wäre ja zu einfach. Es ist Spätburgunder, französisch: Pinot Noir, die anspruchsvollste, launischste, ja zickigste aller Trauben. Keine andere reagiert so sensibel auf Boden, Klima und Bearbeitung – jeder Fehler wird bestraft. Warum einfach, wenn's auch schwierig geht?

Und wo findet der Weinbau statt? In Steilhängen mit schlittrigem Schieferboden, maschinell häufig nicht zu bearbeiten, zu einigen Terrassenlagen führen nicht einmal Bewirtschaftungswege. Es muss zweifellos ein besonderer Menschenschlag sein, der hier lebt und arbeitet …

Zum Teil ist das auf die Historie zurückzuführen. Flächen für normalen Ackerbau gab es im engen Tal kaum. Und an den Hängen? Was ließ sich da anpflanzen? Wein. Oder, um es mit Asterix zu sagen, die Grundzutat für einen Zaubertrank. Der stärkt die Lebensgeister, und manchmal fühlt man sich nach dessen Genuss tatsächlich, als würde es einen kurzzeitig in die Lüfte erheben – genau wie auf den Bildern der Gallier.

Doch eine weit größere Gefahr wartete auf die Unbeugsamen: Reisende! Sie brachen unter anderem aus dem Ruhrgebiet herein. Die Lösung der Ahrtaler? Massenhafte Verteilung des Zaubertranks. Der machte glücklich und ließ die Touristen alles vergessen. Verdammt raffiniert. Sind die Ahrtaler noch unbeugsam? Sie sind fraglos ein eigenes Völkchen geblieben. All die Jahre, in denen sie von den großen, berühmteren Weinbaugebieten belächelt wurden, haben sie stolz gemacht. »So nah am Nordpol kann es doch keinen guten Rotwein geben!«, mussten sie sich mehr als einmal anhören. Und haben ganz einfach das Gegenteil bewiesen. Rund 500 Hektar Weinbergsfläche gibt es heute an der Ahr – in Chile gibt es Betriebe, die allein schon mehr Fläche besitzen. Und trotzdem hat man es geschafft, zu den besten Anbaugebieten für Rotwein aufzusteigen, das wird mittlerweile sogar im Ausland wahrgenommen. In der Weinwelt ist die Ahr zweifellos nicht mehr als ein winziges Dorf. Aber es ist wie bei den Galliern um Asterix und Obelix: Die richtigen Menschen können den Unterschied machen. Und natürlich der richtige Zaubertrank.

Und davon gibt es sogar eine Variante, die besonders rar ist.

Gewöhnlich werden sie in einem jahrhundertelang unzugänglichen Zipfel Papua-Neuguineas gefunden oder neben einem erloschenen Vulkan im brasilianischen Urwald – doch auch im Ahrtal kann der Forscher auf Ureinwohner treffen. Allerdings stehen sie hier in den Weinbergen und lassen es sich in der Sonne so richtig gut gehen. Die Exoten hören auf den Namen »Frühburgunder«. Es sind Rebstöcke.

Die Weinwelt liebt Fremdworte, deshalb heißen solche Reben nicht »einheimisch«, sondern schön kompliziert »autochthon«. Der Brockhaus klärt auf: au|toch|thon (griechisch *autóchthòn*), am Fundort entstanden; alteingesessen, eingeboren. Um der Wahrheit die Ehre zu geben, liegt der Geburtsort des Frühburgunders im Dunkeln – bei Rebsorten ist es deutlich schwerer, nachzuprüfen, wann sie entstanden sind, als bei Boris Beckers Nachkommen. Belegt ist, dass die Rebsorte seit Langem ihre Heimat im Ahrtal hat und sich keine Region der Welt der seltenen Rebe mit solcher Inbrunst annimmt. Viele Winzer haben sie hier im Portfolio – und getrunken wird der Wein von den Eingeborenen auch. Deshalb gilt für alle, die weit entfernt von den Weinquellen leben: fix sein, sonst sind alle Flaschen vergeben.

Der seltene Frühburgunder ist zwar ein Einheimischer, er entstammt jedoch einer edlen Familie, sozusagen dem Hochadel der Reben. Den Burgundern. Der Pinot Noir (bei uns als Spätburgunder bekannt) gehört dieser an, aber auch Ruländer, Weißburgunder, Auxerrois oder – wenn auch genetisch nicht ganz sauber – der Chardonnay. Der Frühburgunder ist so etwas wie der künstlerisch begabte, frühreife kleine Bruder. Seine Lese liegt rund zwei Wochen vor der des renommierteren Spätburgunder, er ist samtiger, seine Säure ist zurückhaltender, und neben der typischen, manchmal fast rauchigen Würze duftet er häufig köstlich nach Erdbeere.

Autochthon ist eine Rebsorte natürlich nicht an sich, sondern nur in ihrer Geburtsregion. Beim Frühburgunder könnte man großzügig Deutschland sagen, aber in Italien wäre sie es definitiv nicht mehr. Problematisch ist es zum Beispiel beim Grünen Veltliner, der im Burgenland entstand – das gehörte bis 1920 zu Ungarn, heute zu Österreich. Wo ist sie nun autochthon?

Alle europäischen Rebsorten haben einen gemeinsamen Vorfahren: *Vitis vinifera*. Und dieser hat sich in seiner jahrtausendealten Geschichte – vermutlich beginnt sie vor über

7000 Jahren im Kaukasus – an verschiedene Regionen mit unterschiedlichen Böden und unterschiedlichem Klima angepasst. Etliche Rebsorten entstanden. In Portugal und Italien gibt es Hunderte autochthone Rebsorten, in Deutschland bedeutend weniger. Umso mehr sollten wir sie hegen und pflegen.

Ich bekenne freimütig: Ich bin ein Fan, auch Weinjournalisten dürfen das sein. Objektivität hin oder her, ein großer Frühburgunder ist fantastisch. Einst schrieb ich, er sei eine Traube wie Audrey Hepburn – denn deren sinnliche Eleganz versprüht die Rebe im Glas.

Bekannt ist die Rebe übrigens unter vielen Namen wie »Magdalenentraube« oder »Saint Jacques« – »Frühes Möhrchen« ist aber mit Sicherheit der niedlichste. Gäbe es die Traube als Duftbäumchen für den Wagen – ich würde ihn fröhlich vom Rückspiegel baumeln lassen!

68
Germany zero points, Allemagne zéro point

Trauen Sie keinen Auszeichnungen und Bewertungen, die auf Flaschen gepappt sind. Wissen Sie was: Trauen Sie am besten gar keinen Auszeichnungen und Bewertungen. Oder zumindest nur mit äußerster Vorsicht.

Das Problem bei Weinwettbewerben ist Folgendes: Gewinn machen sie durch die Anstellgebühren. Als Winzer müssen Sie so ungefähr zwischen fünfzig und 300 Euro pro Wein ausgeben, sofern Sie damit an einem Wettbewerb teilnehmen werden. Die Kohle sparen Sie sich natürlich, wenn die Juroren streng und die Bewertungen niedrig sind. Werden dagegen Medaillen und Höchstnoten wie Kamelle im Kölner Rosenmontagszug verteilt, tätigt man die Investition gerne. Das gleiche Phänomen bei Weinzeitschriften und Weinführern, die sich durch Anzeigen und zum Teil durch Gebühren finanzieren. Wer nimmt das schon gerne in Kauf, wenn dann der Kollege aus dem gleichen Ort höher bewertet wird? Oder man eine Note bekommt, die man nicht verkaufsfördernd nutzen kann? Das Hundertersystem hat sich durchgesetzt, nur wenige setzen heute noch auf andere wie das Zwanzigersystem. Dabei interessiert alles, was weniger als neunzig Punkte hat, heute niemanden mehr – eigentlich müssen es sogar 95 Punkte sein.

Mittlerweile gibt es sogar Weinhändler, die ihre eigenen Weine bewerten und die Noten gleichberechtigt neben die von Kritikern stellen. Interessenkonflikt? Nicht bei uns. Und da jeder Jahrgang ja noch besser sein muss als der vorige, klettern die Noten immer höher, bis irgendwann die Hundertergrenze pulverisiert wurde.

Natürlich gibt es auch seriöse Weinzeitschriften, Wettbewerbe und Journalist:innen, solche, die begreifen, dass es nur nachhaltig ist, wenn man unabhängig verkostet, weil man ansonsten über kurz oder lang seinen Ruf ruiniert, die eigenen Bewertungen entwertet und letztendlich niemand mehr ein Interesse an den journalistischen Einschätzungen hat. Aber vielen Printmagazinen geht es aktuell schlecht, die Anzeigen schwinden, der finanzielle Druck steigt.

In Deutschland veranstalten die Landwirtschaftskammern auch Wein- und Sektprämierungen – bei denen drei Viertel aller Anstellungen dann eine Medaille in Gold, Silber oder Bronze erhalten. Mit anderen Worten: kann man sich auch sparen. Was nicht heißt, dass die Verkosterinnen und Verkoster schlecht arbeiten würden. Aber zumeist wird eben das am besten bewertet, was dem Mainstream am meisten entspricht. Charakterköpfe mit Ecken und Kanten haben es schwer. Staatsehrenpreise und Große Staatsehrenpreise gibt es auch, und einen solchen zu erringen ist sicher eine Leistung, aber für echte Weinfreaks haben diese keine Bedeutung.

Was auch daran liegt, dass man »dem Staat« nicht zutraut, wahre Qualität zu erkennen. Die staatliche Weinkontrolle hat sich in Deutschland jahrelang damit blamiert, dass sie Weine mit – gewollter – Trübung oder Barriquenoten wie auch Naturweine abgelehnt hat, ihnen also eine amtliche Prüfnummer versagte (weshalb die Weine auch kein Prädikat wie zum Beispiel Kabinett oder Spätlese tragen dürfen, die Lage darf ebenfalls nicht auf dem Etikett genannt werden). Mancher Spitzenwinzer vermarktete sie dann als vermeintliche Landweine und pfiff auf das ganze System.

69
White wine with the fish? The same prodecure as last year, Miss Sophie?

O mein Gott, was war das für ein Moment, als ich bei einer Reise in die schottischen Highlands Vintage Port in den leicht ausgehöhlten Stilton goss, verrührte und diese göttliche Pampe meinen Gaumen berührte. Wer einmal solch eine perfekte Kombination von Essen und Wein, neudeutsch »Food-Pairing« (oder »Wine-Pairing« oder ganz korrekt »Food-And-Wine-Pairing«), genossen hat, der wird sein Leben lang versuchen, sie wieder zu erleben.

Ein paar Kombis gibt es in der Weinwelt, die man als göttliche Paarungen bezeichnen kann. Wiener Schnitzel mit Grünem Veltliner, Muscat de Beaumes-de-Venise mit Honigmelone oder Foie Gras mit Sauternes (wobei ich gereifte Champagner sogar bevorzuge, aber die bevorzuge ich sowieso fast immer).

Es sind allerdings genau solche Kombinationen, die Novizen enorme Angst bei der Wahl des Weins zum Essen einjagen. Und auch dafür sorgen, dass es Experten dafür gibt, die oft eine intensive Ausbildung dafür absolvieren: die Sommeliers und Sommelièren. (Geschützt ist diese Berufsbezeichnung allerdings nicht. Jeder Gaumenblinde kann sich so titulieren.)

Wenn dann bei der eigenen Weinkombi am Gaumen keine Explosion stattfindet, sieht man sich als gescheitert an.

Zwei Wahrheiten dazu: Solche kolportierten Explosionen sind äußerst selten. Selbst bei begleitenden Weinmenüs in absoluten Spitzenrestaurants sind sie alles andere als garantiert. Sondern seltene Sternstunden.

Die zweite Wahrheit ist – und das ist eine von den wirklich praktischen Wahrheiten –, dass die meisten Weine irgendwie zum Essen passen. Mal mehr, mal weniger, aber selten so schlecht, dass es am Gaumen knarzt oder man den Wein stehen lassen möchte. Sie können gar nicht so viel falsch machen.

Es gibt zwei Arten, einen Wein zum Essen zu kombinieren: kontrastierend oder harmonisch. Ersteres kann zu großartigen Kombinationen führen, ist aber bedeutend schwerer, Letzteres deshalb der Königsweg.

Gleich und Gleich gesellt sich gern. Wein und Speisen sollten einander gleichen. Sie haben ein intensives Essen? Wählen Sie einen intensiven Wein. Etwas Leichtes? Dann sollte der Wein leicht sein. Ist das Essen schwer und reichhaltig, sollte der Wein ebenfalls Wumms haben. Das Essen hat Röstaromen? Her mit Röstaromen im Wein. Die Speisen sind rustikal? Wählen Sie einen rustikalen Wein.

Wenn ich »Speise« schreibe, meine ich den Hauptgeschmacksträger auf dem Teller – was meist nicht das Stück Fleisch oder Fisch, sondern die Soße ist.

Was ist mit der alten Regel »Roter Wein zu rotem Fleisch, weißer Wein zu weißem Fleisch«? In den meisten Fällen fahren Sie damit gut. Ein frischer Weißwein zu Fisch hat einen ähnlichen Effekt wie ein Spritzer Zitrone, er verleiht der Speise Frische. Und die Gerbstoffe eines Rotweins schmeicheln den Enzymen des Fleischs. Aber auch ein leichter Roter kann zu hellem Fleisch super passen und ein gehaltvoller Weißer zu einem Steak.

Ein paar Grundregeln gibt es, die man beachten sollte. Hier die wichtigsten sieben:

- Hat das Gericht Säure, benötigt der Wein noch mehr Säure, sonst wirkt er flach.
- Hat das Gericht Süße, benötigt der Wein noch mehr Süße, sonst wirkt er herb.
- Hat das Gericht Schärfe, sorgt ein Wein mit Fruchtsüße für Balance.
- Hat das Gericht Bitternoten, sollte der Wein nur wenige haben. Denn bitter und bitter addiert sich. Also kein gerbstoffreicher Tannat zu Chicorée oder dunkler Schokolade.
- Enthält das Gericht viel Fett, benötigt der Wein Säure, um durch das Fett zu schneiden. Wie bei der Kombination Grüner Veltliner zum Wiener Schnitzel.
- Enthält das Gericht viel Salz, sollte der Wein nur wenig Gerbstoffe haben. Denn das Salz lässt sie übermäßig bitter erscheinen.
- Ist das Dessert kühl, sollte der Wein einen deutlichen Tick süßer und kräftig sein. Denn Kälte lässt unseren Geschmackssinn träge werden.

Okay, es gibt ein paar Lebensmittel, die schwer zu kombinieren sind. Zu Schokolade sollte es ein süßer Rotwein sein, alles andere führt zu herben und sauren Noten. Rosenkohl und Spargel sind wegen ihrer Schwefelkomponenten kompliziert, zusammen mit Wein genossen wirkt es, als hätte dieser einen Fehlton – Sherry bekommt die schwierige Aufgabe hin, trockene Madeiras, auch Orange Wines. Sushi mit Rotwein ist unangenehm, weil das Eisen im Wein sich mit dem Fett der rohen Fische verbindet und dazu führt, dass sie fischig-metallisch schmecken. Knochentrockene Weiße passen dagegen prima.

Auch hierbei gilt: Vertrauen Sie Ihrem Geschmack. Und probieren Sie einfach mal was aus. Falls der Wein nicht zum Essen passen sollte, trinken Sie ihn einfach nach dem Essen und suchen einen neuen zur Begleitung aus. Eine Flasche guter Wein wird immer schnell leer.

70 »Was erlauben Strunz? Ware schwach wie eine Flasche leer.«

Weinflaschen lassen Weinkenneraugen glänzen; es gibt sie in allerhand Größen wie auch Formen. Die Normalgröße fasst 0,75 Liter, die halbe Flasche deshalb nicht einen halben Liter, das wäre viel zu logisch, sondern nur 0,375 Liter.

Früher wusste man, dass Bocksbeutel – bis auf wenige Ausnahmen – aus Franken oder Portugal stammen, dass Bordeaux-Weine in Bordeaux-Flaschen (die mit den »Schultern«), Burgunder-Weine in bauchigen Burgunder-Flaschen, Riesling-Weine vom Rhein in braunen Schlegelflaschen und solche von der Mosel in grünen Flaschen kamen; und für den Rheingau gab es eine dunkelblaugrüne Flasche namens Rheingau-Flöte. Und im Spätmittelater entwickelte sich aus den Tonfässern der Antike in Italien eine bauchige Flasche, die strohummantelt Karriere machte. Das Stroh diente ursprünglich dazu, das Glas vor Beschädigung zu schützen. In der Flasche befand sich Chianti, und ihr Name lautete »Fiasco«.

Kann man auch als Beschreibung des Inhalts verstehen.

Die Flasche eignete sich super für Tropfkerzen.

Die Kennerin oder der Kenner wusste also schon beim Anblick einer Flasche, was sie oder ihn erwartete. Die Welt war klar und geordnet. Tempi passati. Einige Traditionen haben sich gehalten, andere sind obsolet, Mosel-Riesling wird heute auch in braune Bordeaux-Flaschen gefüllt, Frankenwein in blaue Futura-Flaschen (fragen Sie lieber nicht, wie die aussehen …), und auch ein Chardonnay kann in einer Schlegelfasche landen, selbst einer durchsichtigen. Der einzige Wein, der nahezu konsequent in die gleiche Flaschenform gefüllt wird, ist der Schaumwein. Der kommt in eine Champagner-Flasche, die quasi eine dickwandigere Burgunder-Buddel mit nach innen gewölbtem Boden ist – dadurch wird der Druck gleichmäßiger auf die Seitenwände verteilt.

An Flaschengrößen gibt es auch welche, die mehr fassen als eine Magnum, also mehr als 1,5 Liter. Vielleicht begegnen Sie in Ihrem Leben mal einer Doppel-Magnum (drei Liter), die in der Champagne und dem Burgund »Jéroboam« genannt wird. Aber darüber hinaus? Machen Sie sich nicht die Mühe, sich die Namen für Flaschen mit fünf, neun oder gar achtzehn Litern zu merken. Es ist für den Alltag untaugliches Wissen und wird eigentlich nur bei Fernseh-Quizshows benötigt. Diese Flaschen sind zudem sehr teuer, weil sie in der Herstellung viel kosten und nur per Hand befüllt werden können.

Okay, ich spüre, dass Sie es wissen möchten: Eine Achtzehnliterflasche heißt bei Bordeaux »Melchior« und im Burgund und in der Champagne »Salomon«. Das muss aber jetzt reichen.

Nur eins noch: Weinflaschen sind tatsächlich eine relativ moderne Erscheinung. Zwar setzten bereits die Römer mundgeblasenes Glas zur Weinlagerung ein, aber erst ab dem 18. Jahrhundert wurden das Flaschenblasen professioneller und die Flaschenformen geeigneter. In England war Flaschenweinverkauf wegen des nicht sicheren genauen Volumens allerdings bis ungefähr zur Mitte des 19. Jahrhunderts verboten So richtig in Mode kam das Behältnis erst mit der Industrialisierung der Glaserzeugung.

71
The Future's So Bright, I Gotta Wear Shades

Ein kurzer Blick in die Zukunft des Weins, auf Nachrichten aus den kommenden Jahrzehnten – eine genau Datierung ist mir leider nicht möglich.

VINUM

Bordeaux stellt Weinbau ein

Die *Chambre d'Agriculture Gironde* hat heute mitgeteilt, dass die letzten noch verbliebenen Weingüter der Region im nächsten Jahr ihre Flächen roden werden. »Die Zukunft gehört den Olivenbäumen«, erklärte Jean-Paul Rienneva-Plus auf einer Pressekonferenz im Olivenhain, der die Stadt Bordeaux bereits komplett umschließt. »Die spanische Region La Mancha hat uns vorgemacht, wie man sich als ehemaliges Weinbaugebiet neu erfinden kann. Was dort mit Wüstentourismus geleistet wird, ist vorbildlich, und die Exporte von gegrillten Skorpionen steigen Jahr für Jahr.« Sollten die Temperaturen weiter steigen, erwägt man, im Bordeaux mit dem Agavenanbau zu beginnen. »Dann produzieren wir bei uns den weltbesten Tequila. Premier-Cru-Qualität!«, so Rienneva-Plus weiter. »Aber wir sprechen ihn Tèquilá aus, das klingt edler und kann teurer verkauft werden.«

FALSTAFF

Perfekter Wein gefunden

Die New Yorker KI »Bob Parker« hat den perfekten Wein hergestellt und gestern der Öffentlichkeit im ehemaligen Donald-Trump-Tower, dem heutigen Folsom-Prison-Hochhaus, präsentiert. »Die Grundzutaten sind Kompost, Gülle und morsches Eichenholz – natürlich recycelt.« Der Wein wurde einer internationalen Jury von Weinjournalisten und -journalistinnen vorgestellt, die dem Tropfen sämtlich die Höchstnote von hundert Punkten gaben, zwei zückten sogar 110 und 340. Aufgrund diverser Algorithmen hatte die KI genau die richtigen Mengen an Tanninen, Säure, Restzucker, Mineralien, Alkohol, den korrekten PH-Wert und die aktuell beliebtesten Aromen ermittelt. »Wichtig war auch ein langer Abgang. 47 Sekunden gelten als ideal«, erklärte »Bob Parker« durch seinen Avatar, einen 1,92 Meter Elfenkrieger.

Ebenfalls angekündigt wurde eine Datei, mit der man sich auf dem heimischen 3-D-Drucker ausspucken lassen kann. Der Name des Weins lautet 067652443643.

DER FEINSCHMECKER

Burgunder-Sale

Der renommierte Internet-Weinhändler »Kopf innen Nacken« hat heute einen großen Burgunder-Sale gestartet. Einen Aligoté bekommt man nun schon für 10 000 Euro, ein Meursault liegt bei gerade einmal 50 000 Euro. »Wir wollen damit Burgunder wieder zu dem Alltagswein machen, der er einmal war.« Ab einer Abnahme von sechs Flaschen ist der Versand frei. Deutschlands größte Weinhändler, Aldi und Lidl, ziehen mit einem Sale nach und bieten Prestige-Cuvées der Grandes Marques, unter anderem die Lady-Gaga-Remember-Edition von Dom Pérignon Rosé, zu Preisen ab 5000 Euro die halbe Flasche an. »Da kann man auch schon mal am Vormittag zwei davon trinken!«, so ein Vetreter des Branchenverbands.

EFFILEE

Die Zukunft wird leicht!

Die EU-Kommission hat den Höchstalkoholgehalt für Wein bei fünf Prozent gedeckelt. »Mehr Alkohol braucht kein Wein, Geschmacksträger hin oder her«, so der Kommissar für Landwirtschaft und ländliche Entwicklung, Ernst N. Üchtern. Zusätzlich sollen SEKs gebildet werden, die den Markt mit illegal erzeugten hochalkoholischen Weinen austrocknen. »Wein mit dreizehn Prozent Alkohol darf nicht mehr in gefährdete Kehlen fließen«, so Üchtern weiter. Besonders in den Blick sollen die mittelrheinischen Bacchus- und Dionysos-Sekten genommen werden, bei denen ungehemmt Riesling aller Alkoholgrade konsumiert wird, zum Teil bis früh in den Morgen. In der Pfalz sollen die Dubbegläser ein für allemal verschwinden, aus denen das hochalkoholische isotonische Getränk Cola-Rotweinschorle gedankenlos konsumiert wird. »Da weiß man nachher weder, wie viel Akohol enthalten ist, noch, wie viel man getrunken hat. Eigentlich ist eine Verdünnung des Alkohols sinnvoll, aber in der Pfalz wird sie nicht korrekt durchgeführt. Da hat der Wein nach dem Panschen manchmal mehr Alkohol als vorher!«

WEINWELT

Norwegen – Wieder ein Spitzenjahrgang!

Die neue Ernte des berühmten Fjordweins ist vielversprechend, hat heute die Norge Wine Association vermeldet. Vor allem die für ihren Shiraz berühmte Weinregion Islekkar nahe Tromsø vermeldet Rekordwerte. Aber auch in Hammerfest, wo man in der Region Pullelär seit Jahrzehnten für Tempranillo und Grenache einen hervorragenden Ruf hat, zeigt man sich mit dem Jahrgang mehr als zufrieden: »Es war der zwanzigste Hitzejahrgang in Folge, die Alkoholwerte gingen durch die Decke. So langsam machen wir dem Wodka Konkurrenz«, so Björn B. Schickert von der Domaine Knülle. Währenddessen wurden in Spitzbergen die ersten Weinberge gepflanzt. Die

Böden gelten als ideal für den Anbau von Rebsorten, die einst auf den Vulkanböden der Kanarischen Inseln standen.

SELECTION
Neue Regeln für DRC-Genießer
Der Produzent der teuersten Weine der Welt, die Domaine de la Romanée-Conti (DRC) aus dem Burgund, verschärft die Regeln zum Konsum ihrer Weine. Schon set Anfang des 21. Jahrhunderts konnte nur derjenige Flaschen erwerben, der später mittels Fotos nachwies, dass sie nach dem Austrinken zerstört wurden – auch die Etiketten. Wer das nicht gewährleistete, erhielt keine der durchnummerierten Flaschen mehr. Der Grund ist, dass Fälschungen in Originalflaschen und mit Originaletiketten verhindert werden sollen. Nun geht der berühmte Weinproduzent noch einen Schritt weiter. Kunden sollen zukünftig filmen, wie sie den Wein trinken, und zwar ungeschnitten. Außerdem sollen vorher und nachher Blutwerte genommen und notariell bezeugt werden.

Auf diese Ankündigung hin stiegen die Preise für Weine der Domaine noch weiter.

FINE – DAS WEINMAGAZIN
Interaktive Weinkarte
Die neueste von der Gates-Musk-Company entwickelte Weinkarte kann mittels eines USB-Q-Kabels an die Festplatte der menschlichen Großhirnrinde angeschlossen werden und ermöglicht es, beim Lesen des Weinnamens kurz den entsprechenden Geschmack zu empfinden. »Betrunken wird man davon nicht«, so eine Sprecherin des Unternehmens. »Trotzdem würde ich nicht dazu raten, zu viel durcheinander zu probieren, da sich sonst eine Geschmacksverwirrung einstellen kann.« Auch gäbe es aktuell noch Probleme mit zu vielen Riesling-Weinen, weil die prägnante Säure den Anschlussstecker angreift. »Die Menschen sollten einfach mehr säurearme US-amerikanische Weine trinken«, so die Sprecherin weiter.

72
Probieren geht tatsächlich über Studieren

So, endlich alle abgehakt, irgendwer kommt immer zu spät, aber dann sind wir jetzt ja komplett (wendet sich an die Kursteilnehmerinnen und Kursteilnehmer). Ganz herzlich willkommen bei unserem Wine-Tasting der VHS Zweibrücken! Wer noch mit dem alten Programmheft gebucht hat, keine Sorge, da stand noch Weinprobe, ist aber dasselbe. An die anwesenden Damen, aber auch an die Herren ein Dankeschön, dass Sie heute – wie auf der Anmeldung verlangt – auf starke Parfüms verzichtet haben. Das behindert bei Weinproben doch sehr.

Wir werden heute Abend acht Weine zusammen verkosten, ja, da sehe ich schon bei einigen das Leuchten in den Augen. Mehr ist bei Anfängern wie Ihnen leider nicht ratsam, da will ich ganz offen und ehrlich sein. Sie dürfen den Wein natürlich trinken, aber besser wäre es, wenn Sie ihn in die an Ihren Plätzen stehenden Plastibecher spucken würden, sonst wird das hier ganz schnell zum VHS-Kurs »Schmutzige Lieder singen«.

Ich wusste, dass jetzt einer »Sieben Fässer Wein« anstimmt. Ah, von dahinten kommt auch noch »Griechischer Wein«.

Warum kann es nicht nur ein einziges Mal »Summer Wine« oder »Red Red Wine« sein …

Wie Sie sehen können, sind wir heute zu zwölft. Das hat den Hintergrund, dass man mit einer Flasche bei einer Probe zwölf Gläser füllen kann. Es handelt sich dabei um sogenannte Universalgläser, die sich sowohl für Schaum- wie auch Weiß-, Rosé- und Rotweine eignen. Ich habe sie vorher lange mit klarem Wasser ausgespült, um mögliche Gerüche zu entfernen. Nicht, dass ich dafür extra bezahlt werden würde …, auch nicht dafür, dass ich mir diese Gläser extra für diesen Kurs angeschafft habe und bei jedem Tasting eins kaputtgeht. Mal schauen, ob das heute anders wird, aber ich sehe da ein paar unter Ihnen, die früher oder später bestimmt eins auf den Boden befördern werden. Ja, genau, es sind die Herren, die jetzt so breit grinsen.

Wie dem auch sei.

Was? Käsehäppchen? Nein, gibt es keine. Da müssen Sie nicht maulen. Stattdessen finden sich vor Ihnen Grissini, um den Gaumen zwischen den Weinen zu neutralisieren. Dafür gibt es zusätzlich stilles Wasser. Das alles ist in Ihrer Teilnahmegebühr enthalten, aus der auch mein klägliches Honorar bezahlt wird. Trinkgeld, im wahrsten Sinne des Wortes (lacht), nehme ich am Ende des Abends aber gerne entgegen. Also, ich lasse Sie ohne nicht aus der Tür (lacht, blickt dann aber sehr ernst zum Kurs).

Papier und Stifte liegen ebenfalls bereit, machen Sie sich ruhig viele Notizen, damit setzt sich das Wissen besser fest, und Sie verkosten konzentrierter. Wundern Sie sich nicht, dass die Schrift immer unleserlicher wird und Sie immer weniger schreiben. Das ist völlig normal.

Wir werden nach der 5-S-Regel verkosten. Kann sich jemand vorstellen, was sich dahinter verbirgt? Ja, Sie (zeigt auf einen Kursteilnehmer). Nein, es steht nicht für Saufen, Saufen, Saufen. Ja, den Witz höre ich heute zum ersten Mal …

Nein, 5 S steht für: Sehen – Schwenken – Schnüffeln – Schlürfen – Schlucken.

Die Farbe gibt Ihnen Hinweise auf Rebsorte und Alter des Weins. Am besten vor einem weißen Hintergrund, zum Beispiel einem Blatt Papier, betrachten und darauf achten, wie die Farbverläufe zu den Rändern hin sind.

Das Schwenken ist wie ein Sauerstoffschock für den Wein, dadurch entfalten sich die Aromen besser. Zudem sollte man auch beim Weintrinken ein wenig Sport treiben.

Das dritte S – Schnüffeln – ist selbsterklärend. Wobei Sie sich langsam mit der Nase dem Weinglas nähern sollten, um die unterschiedlich aufsteigenden Düfte einzusaugen. Und falls Sie denken, der Gaumen würde später die meiste Arbeit machen: falsch gedacht. Der bekommt nur süß, salzig, sauer, bitter, umami und fettig hin, die Nase kann dagegen bis zu 4000 Duftkombinationen erfassen.

Dann folgt das Schlürfen, nur keine Scham. Tun Sie bitte nicht so, als hätten Sie noch nie geschlürft! Schlürfen bringt zum einen weiteren Sauerstoff in den Wein und transportiert die Aromen zudem in großer Anzahl hoch in die Nase, »retronasal« nennt sich das.

Eine mögliche Variante ist die, den Gästen immer zwei Weine parallel in zwei Gläsern zu servieren.

Das letzte S – Schlucken – bekommen Sie alle erfahrungsgemäß am besten hin. Aber nur ein kleines Schlückchen.

So weit alles klar? Ja, Sie haben eine Frage? Wann es endlich Wein gibt? Wenn Sie weiter so blöde Fragen stellen, wird es noch etwas länger dauern.

Kleiner Spaß.

Wir fangen mit einem Schaumwein an, der regt Ihre Geschmacksnerven nämlich an. Genau wie im Restaurant, wenn Sie ihn als Aperitif genießen. Dann kommen zwei trockene Weißweine, die Sie nebeneinander verkosten werden. Das bringt immer am meisten Erkenntnisse. Die Weine werden übrigens alle blind verkostet.

Wieso wusste ich, dass Sie wieder eine Zwischenfrage stellen …?

Nein, Sie müssen dafür keine Augenbinde tragen. Ich lasse Sie nur nicht die Flaschenform und das Etikett sehen. Damit

Sie nicht beeinflusst werden. Es folgen zwei Rosés, zwei Rotweine und zum Schluss ein edelsüßer Weißer – davor müssen Sie aber einmal das Glas mit Wasser ausschwenken, sonst sieht der auch rosé aus.

Sie wollen die Regeln für die richtige Probenreihenfolge wissen? Und damit die Verkostung des ersten Weins noch etwas hinauszögern?

Von mir aus.

Bei der ersten Regel geht es um die Weinfarbe. Sie lautet Weißwein vor Rosé vor Rotwein. Bei der zweiten geht es ums Alter: zuerst ältere Jahrgänge, dann erst jüngere.

Ja, das dürfen Sie ruhig mitschreiben, ist alles im Preis drin. Also in dem Schnäppchenpreis, den Sie hier nur zahlen.

Die dritte Regel betrifft die Süße des Weins, und da heißt es: von trocken nach süß. Und schließlich gibt es noch den Alkoholgehalt, da fängt man mit leichteren Weinen an und stellt erst zum Schluss die schweren Geschosse auf den Tisch.

Ja, gut aufgepasst, das kann sich, was die Probenreihenfolge betrifft, manchmal widersprechen. Treffen Sie mutig Entscheidungen! Und nach ein paar Jahren des sportiven Weinkonsums können Sie alles kreuz und quer probieren und den Wein trotzdem einschätzen. Ich spreche da aus Erfahrung. Ist ja nicht mein erster VHS-Kurs.

Und bevor Sie fragen: Ja, es ist völlig in Ordnung, dass ich die Weine mitprobiere und sie dann im Gegensatz zu Ihnen nicht ausspucke,

Nach Ihren Zwischenfragen kann ich mit Gewissheit sagen: Es ist purer Selbstschutz.

(Disclaimer: Ich habe selbst früher VHS-Weinproben gegeben.)

73 Do you drink in a land down under?

Adelaide, Australien, Ende der 1990er. Ein blasser deutscher Student von Mitte zwanzig, mit zum Pferdeschwanz gebundenen braunen Haaren (was total albern aussieht, er aber nicht weiß), ist mit seinem abgerockten weißen Mitsubishi Lancer auf dem Weg zum Roseworthy Campus, wo er Weinbau studiert. Dort ist er ein Exot, der einzige Deutsche unter lauter Australiern, Neuseeländern und Asiaten.

Er hat sich mittlerweile daran gewöhnt, auf der falschen Straßenseite zu fahren (es sei denn, er muss rechts abbiegen), aber die australische Weinwelt ist ihm immer noch fremd. In Deutschland hat er gelernt, dass der Wein im Weinberg entsteht und der Winzer das, was die Natur ihm schenkt, bestmöglich auf die Flasche bringt. So war es schon immer, so würde es immer sein. Kniffe und Tricks werden nicht mit den Kollegen geteilt, sind ja schließlich alles Konkurrenten!

In Australien werden Weine erdacht, manchmal am Reißbrett skizziert. Hier ist der entscheidende Faktor der Kunde. Was in Weinberg und Keller passiert, muss darauf ausgerichtet werden. Neues wird sofort ausprobiert, Scheitern ist kein Makel, sondern ein nötiger Schritt auf dem Weg zum Erfolg.

Let's give it a go! Es wird offen über alles geredet – was die Weine aller Winzer besser macht.

Für den Studenten, der sich gestern in der Astronomischem Gesellschaft noch den Mars durch ein Fernrohr angeschaut hat, steht heute erstmals Sensorik auf dem Plan. Australische Rotweine werden blind verkostet, Weinbeschreibungen müssen verfasst werden, die Studenten sollen aus diesen auch schließen, welche Rebsorten sie im Glas haben. Regionale Zuordnungen sind Down Under nicht gefragt – kein Wunder, sind Multi-Regionen-Cuvées doch Normalität. Wobei manchmal Grundweine aus Gebieten zusammenkommen, deren Entfernungen auf Europa übertragen Frankreich zu Deutschland und Italien gleichkämen. In Deutschland wäre schon ein Verschnitt von Pfalz und Rheinhessen Blasphemie.

Die Weine haben so viel reife Frucht, so viel Alkohol, so viel Kraft, dass der Student von ihnen fast ausgeknockt wird, als wären sie Bud Spencer zu dessen Glanzzeiten. Dampfhammer! Doppelbackpfeife!! Vorher hat er fast nur deutsche, französische und italienische Weine getrunken. Nichts hat ihn auf das hier vorbereitet. Seinem Gaumen wachsen Muskeln. Die Sonne der Südhalbkugel leistet ganze Arbeit. Der Student greift sich das Aromarad, das jeder für die Probe erhalten hat, und sucht nach Weinbeschreibungen, die für diese opulenten Weine passend sind.

Der Weinvirus hatte ihn in seiner Jugend an der Ahr befallen, in diesem Moment wurde der Infekt unheilbar. Denn er begriff: Es wurde immer von *einer* Weinwelt gesprochen, aber sie existierten im Plural, es waren Weinwelten. Die Unterschiede waren so viel größer, so viel faszinierender als gedacht. In späteren Jahren würde er Bush Vines in Südafrika kennenlernen, den Weinbau auf den schwarzen, vulkanischen Böden von Lanzarote, er würde Gletscher- und Sandweine im Glas haben, Wüsten- und Inseltropfen, aber es ist dieser Moment, diese Probe, die ihn nicht nur erkennen, sondern schmecken lässt, was alles möglich sein könnte – und was irgendwo auf der Welt vielleicht schon möglich ist, mehr noch, was dort bereits existiert.

Braun gebrannt und mit einem verwegenen Ohrring im linken Läppchen (was bei ihm noch alberner aussieht als der Pferdeschwanz) kehrt er Monate später zurück nach Deutschland. Die Weinwelt seiner Heimat kommt ihm auf einmal eng vor, denn kaum jemand wagt etwas. Es dauert noch ein wenig, aber irgendwann gründet er die »Deutsche Wein-Entdeckungs-Gesellschaft«, die sich zum Ziel setzt, jedes Jahr einen Wein herzustellen, den es so noch nie in Deutschland gegeben hat. Der Grund ist ein absolut egoistischer: Der Student (der irgendwann mit einer Arbeit über deutsche Weinbruderschaften sein Studium beendet und seinen Mitstudenten mit der Themenwahl amüsiert) will diese Weine unbedingt genießen! Einen Lemberger aus einem Akazienholzfass, einen Jungfernertrag einer legendären Weinlage, einen vermeintlich profanen Müller-Thurgau, der behandelt wurde, als wäre er der edelste Chardonnay der Welt. Alles kleine vinologische Abenteuer.

Wieder in Deutschland bemerkt er schnell, dass er noch etwas außer dem Keim für diese Idee aus Down Under mitgebracht hat: einen neuen Blick auf die Heimat.

Das Mittelrheintal kannte er bereits, aber als er jetzt dorthin reist, wird ihm erst bewusst, wie unglaublich schön und beeindruckend es ist. Dann trinkt er in Bacharach zum ersten Mal nach seiner Rückkehr wieder einen deutschen Riesling, und wieder macht es Bamm! Diesmal ist es Terence Hill, die Schläge treffen genauso zielsicher, aber das Ballett der Fäuste ist eleganter, spielerischer. Was für eine Feinheit, was für eine laserstrahlexakte Säure, was für eine Frische, als würde der Vollmond in einer Winternacht in seinem Mund aufgehen.

Er musste erst einmal um die ganze Welt reisen, um wirklich zu begreifen, wie großartig der heimische Wein ist. Der kürzeste Weg zu sich selbst ist schließlich eine lange Reise.

Und am Ende gibt es einen Riesling.

Digestif

Wie immer im Leben sind es Fehltritte, die einen am meisten lehren. Wer gute Weine sucht, kommt schließlich nicht umhin, schlechte Weine zu trinken. Trial and error. Bei mir gab es aber auch verheerende Fehlausgaben für vermeintlich großartige Weine, demütigende Blindproben, Wine-Pairings, die meinen Gaumen beizten, unharmonische Weinrunden, die jegliches Genießen unmöglich machten. Aber all das ließ mich die wunderbaren Momente, wenn alles zusammenpasste, noch viel mehr genießen, ließ meine Erwartungen realistisch werden, schonte langfristig meinen Geldbeutel und lehrte mich nicht zuletzt Gelassenheit.

Aufregung ist gut und schön, Adrenalin ein feines Stöffchen, aber Gelassenheit ist beim Weingenuss doch vorzuziehen.

Wer gelassen ist, kann sich auf den Moment viel besser einlassen, den Wein entspannter einschätzen. Mit Gelassenheit kann sich ein Wein auch entfalten, denn er braucht Zeit, und als Genießer braucht man Zeit, um in seine Welt einzutreten. In Hetze ist kein Weingenuss möglich. Viele Achtsamkeitsratgeber halten uns an, wirklich im Moment zu sein, im Hier und Jetzt, unsere Sinne wahrzunehmen. Wahrer Weingenuss lässt all das auf die köstlichste Art und Weise geschehen. Weingenuss ist eine Achtsamkeitsübung!

Wein lehrt uns zudem das Wesen der Zeit, ist sozusagen flüssig gewordene Zeit. Er gehört zu den seltenen Lebens- oder Genussmitteln, die mit dem Alter besser werden. Der Fund einer 1982er-»Erbsen fein«-Dose ist kein Grund zur Freude, der eines 1982er Margaux dagegen schon. Dem Inhalt einer Dose »Thunfisch in eigenem Saft« von 1811 (falls es damals schon eine Thunfisch-in-eigenem-Saft-Industrie gab) würde ich ganz bestimmt nicht die roten und weißen Pforten meines Gaumens öffnen, einem 1811er-Wein – einem Kometenjahrgang, und nicht nur irgendeinem, sondern DEM Kometenjahrgang! – dagegen mit größter Vorfreude.

Mancher Tee reift auch zu seinem Vorteil, Käse gelingt es ebenfalls, allerdings nicht über Jahrzehnte. Wein reift, und er tut dies, wie wir Menschen, nicht in einer geraden Linie. Wein wird nicht einfach mit jedem Tag im Keller besser, nein, er verschließt sich manchmal für Jahre, hat dann ein Hoch, verschließt sich wieder, irgendwann wird er mürbe, vergleichbar mit der Altersmürbe bei uns Menschen. Vor seinem langsamen, manchmal Dekaden oder gar Jahrhunderte im Schneckentempo verlaufenden Dahinscheiden erreicht er ein ätherisches Hoch, seine Aromen gleichen dann denen von Waldböden und Gehölzen, die lange im Wasser lagen. Wein gleicht uns Menschen wie nichts anderes, was wir zu uns nehmen. Er ist ein von Menschen geschaffenes, geprägtes Getränk, das uns unterschwellig mit jedem Schluck von der Veränderlichkeit erzählt und an die Vergänglichkeit des Lebens gemahnt. Wir müssen nicht mal bewusst lauschen, unser Unterbewusstsein bekommt es mit – selbst wenn die Leber so laut aufschreit, dass keine andere Abteilung unseres Körpers mehr etwas hört.

Wein ist nicht nur ein gustatorisches Vergnügen, sondern auch ein geschichtliches, ein kulturelles, ein intellektuelles, ein philosophisches. Aufgrund der vielen Weinfälschungen auch ein kriminologisches, ein erotisches durch seine aphrodisierende Wirkung zudem auch, ein ästhetisches durch die Schönheit der Gefäße, in denen wir ihn aufbewahren oder in die wir ihn einschenken, seien es Fässer, Flaschen, Karaffen oder Gläser. Ein mechanisches durch die Korkenzieher und Weinklimaschränke, neuerdings sogar ein digitales wegen der vielen Apps, die uns all das über Weine verraten, wofür wir früher einen Menschen brauchten, der über Jahrzehnte Wein getrunken hatte.

Viele meiner Leidenschaften aus jüngeren Jahren haben mich verlassen und sind zu begeisterungsfähigeren und energiegeladeneren Menschen weitergezogen. Wein schafft es selbst nach all den Jahrzehnten noch, mich zu überraschen, die Leidenschaft von Winzern und Winzerinnen steckt mich immer noch an, der leichte Rausch eines weinseligen Abends lässt mich die zahllosen Krisen und Dummheiten der Welt für ein paar Stunden besser ertragen. Für meine Gesundheit mag Wein schlecht sein, für meine Seele ist er es nicht.

Es ist allgemein bekannt, dass man im Alter rührseliger wird, wobei ich den zweiten Wortteil aufmunternd finde. Bei mir wirkt sich diese Entwicklung auch auf meine Weinwahl aus. Tropfen von befreundeten Winzerinnen und Winzern berühren mich noch mehr, weil ich die Menschen hinter ihnen sehe, mich ihnen verbunden fühle. Leider finden sich, unvermeidlich, immer mehr Weine von bereits dahingeschiedenen Menschen. Auf die ich dann anstoße und die auf diese Art mit mir am Tisch sitzen. Es gibt natürlich auch Musik von Verstorbenen, Bücher von Verstorbenen, denen man auf diese Weise über Landes-, Sprach- und Zeitgrenzen nah ist. Aber im Gegensatz zu Literatur und Musik wurde das, was ich im Glas hatte, von der Person ganz direkt hergestellt, berührt. Es ist wie das Notenblatt, auf dem Beethoven schrieb, es ist der Federkiel von Shakespeare. Das hat eine ganz eigene Magie.

»Über Musik zu schreiben ist wie über Architektur zu tanzen«, lautet ein berühmtes Bonmot des Musikjournalismus. Über Wein zu schreiben ist wie über Musik einen Triathlon zu absolvieren. Geschmack ist so wenig greifbar, kategorisierbar, ist so individuell, weil über die Geschmäcker der Kindheit, Jugend und des Erwachsenseins erlernt. Unabhängig davon unterscheidet sich unser Geschmack auch von unseren körperlichen Voraussetzungen her.

Genau deshalb lässt sich so wunderbar über Wein reden, diskutieren und sogar streiten. Weil jeder subjektiv recht haben kann.

Wein redet auch selbst gern, kein Getränk ist so narrativ. Wein erzählt von seiner Heimat, und damit meine ich den kleinen Fleck, auf dem die Reben stehen, aber auch den ganzen Weinberg, die Landschaft, vielleicht den nahen Fluss oder das nahe Meer. Er erzählt von seinem Winzer oder seiner Winzerin, von seinen Rebsorten, vom Klima in seiner Heimat und dem Wetter im Jahr seines Entstehens, er erzählt vom Holz im Keller, von den Hefen, die für den Alkohol sorgten, er erzählt von der Kultur des Weinmachens und den Traditionen oder Innovationen.

Weingüter sind Manufakturen flüssiger Geschichten.

Es gibt Weine mit Geschichten lang wie ein Roman, manche sind dagegen nicht länger als ein Tweet. Aber eines ist bei jedem Wein, der kein Industrieerzeugnis ist, gleich: Mit einem Wein hat man Gesellschaft.

Und diese Gesellschaft ist immer leicht angetrunken und verbringt mit einem gern den ganzen Abend.